Cómo enfrentar la vida y cumplir con tu llamado, siendo un águila espiritual

COMO Águila SERÉ

Los que esperan en Jehová tendrán nuevas fuerzas; levantarán alas como las águilas... Isaías 40:31

DR. RAFAEL OSORIO

Como águila seré

Volumen I: Edición II 2022

Editor:
Lemuel González • Crossover Church RIAR
Springfield, MA. EE.UU.

Edición:
Dra. Abigail Ortiz Romero

Diseño gráfico y diagramación:
Félix Gabriel Rodríguez • IAR, Río Grande, PR
strongdigitalagency.com

Publicado por Editorial U.A.R.
Universidad Apostólica Renovación
Springfield, MA. E.U.

ISBN: 978-0-9841009-8-9
Impreso en los Estados Unidos de América

Dedicatoria

Dedico este libro al hermano Santiago Tito Molina, miembro del cuerpo pastoral de apoyo de IAR RG Shalom, hijo espiritual y empresario de la Red RIAR.

El pastor Tito ha sido un colaborador fiel tanto a nivel de la iglesia como a nivel de la red por muchos años. Esto ya es digno de resaltar, porque su apoyo, oraciones y lealtad ha sido por muchos años.

Es miembro fundador de IAR RG, intercesor y escudero de mi persona. Ha sido testigo y parte del nacimiento de la Red RIAR desde el año 2000. Hemos viajado juntos a las naciones, en especial en el proceso de establecer iglesias como fue la iglesia en San Cristóbal R.D. y la iglesia en Lima, Perú (las dos primeras iglesias de la red). Juntos hemos sembrado, orando, enseñando, invirtiendo, aconsejando, llorando y riendo, peleando la buena batalla y celebrando los logros.

Si hay alguien que conoce mis luchas, retos, peleas espirituales, después de mi esposa, es él. Ha sido usado por Dios como una de muchas personas para acompañarme en la tarea apostólica. Por eso y por mucho más, que solo en la eternidad se sabrá, dedico este libro a su persona. Porque Tito Molina es ciertamente un águila (llamado a surcar en las alturas). Que Dios le bendiga siempre, eternamente agradecido.

Apóstoles Dr. Rafael y Loyda Osorio
Presidentes Fundadores RIAR
Agosto 2022

Palabras de Gratitud

Quiero reconocer a la hermana e hija espiritual Abigaíl Ortiz (IAR RG PR) por su labor de reeditar el material de este libro en su 2da edición. Al hermano e hijo espiritual Gabriel Rodríguez encargado del diseño gráfico y al pastor Lemuel González (IAR Crossover Church, Springfield Massachusetts) en la impresión del libro. Muchas gracias sobre todo por su trabajo realizado en tiempo récord. ¡Bendecidos!

Índice

Cómo águila seré

Letra y melodía: Carlos Eliseo

Me remontaré a las alturas
Y como el águila alzaré mi vuelo
Sin detenerme seguiré.

Volaré sobre montañas
Y con el poder de mis alas
Sobre la tormenta volaré.

Como lo hizo Moisés
El mar rojo cruzaré
Como Débora y Ester
Que decidieron ser fiel,
Yo también seré.

////Como el águila////
Yo no me detendré.

Mis alas abriré
El vuelo alzaré.

Introducción

La Palabra del Señor relaciona al creyente con el águila y va más allá al declarar, en el plano espiritual que, si nuestra fe está puesta en Dios, somos águilas. El profeta Isaías escribió que todos aquellos que esperan en el Señor, esto es, aquellos cuya fe y confianza están puestas en Dios, podrán renovarse como lo hacen las águilas. Además, podrán elevarse a las alturas como lo hacen las águilas y podrán extender sus alas como lo hacen las águilas, porque su fe en Dios los convierte en águilas.

¿Estás de acuerdo con lo que la Palabra de Dios dice sobre ti, sobre tu identidad espiritual, sobre lo que posees y lo que puedes hacer? Tristemente muchos cristianos tienen dificultad en lo que la Palabra de Dios dice acerca de ellos. No es que no lo sepan, sino que no lo creen. En vez de creer y fluir con esas verdades, dudan y siguen operando desde otras realidades.

Jamás podrás desarrollar todo tu potencial, realizar tu llamado y alcanzar tu destino, si tu identidad espiritual no está bien definida y clara. Tu avance está ligado a tu identidad. En el reino espiritual, el linaje de sangre conforme a la carne no es tan importante. Lo mismo da que seas de la familia Osorio, Rivera o López. Lo que te hace diferente es saber quién eres en Cristo Jesús.

La Palabra dice que somos cabeza, pero algunos actúan como cola. La Palabra dice, que somos árboles de justicia, pero muchos funcionan como hoja seca. La Palabra dice que somos más que vencedores, pero otros operan como fracasados. La Palabra dice somos águilas, gente renovada y que pertenecemos a las alturas, pero algunos tienen vuelo de gallinitas que nunca han salido del gallinero. Te invito a examinar los siguientes textos bíblicos que declaran cuál es tu identidad espiritual, una vez has aceptado a Cristo como tu Salvador y Señor.

a) San Juan 1:12	Eres hijo de Dios
b) Romanos 8:16-17	Heredero de Dios, coheredero con Cristo
c) Romanos 8:37	Más que vencedor en Cristo
d) 1ra Pedro 2:9	Linaje escogido
e) 2da Corintios 5:17	Nueva criatura
f) Salmo 1:3	Árbol próspero
g) Salmo 92:10	Búfalo poderoso
h) Salmo 92:12-15	Palmera que crece, florece y da frutos
i) Isaías 61:3	Árbol de justicia y plantío de Jehová
j) Efesios 1:3	Una persona bendecida por Dios
k) Salmo 125:1	Monte de Sión: inamovible
l) Deut. 28:13	Cabeza y no cola, arriba y no abajo
m) Isaías 40:31	Un águila renovada

Debido a que Cristo Jesús es tu Salvador y Señor, y tu fe está puesta en él, eres un águila espiritual. ¿Puedes declarar lo que crees? ¿Puedes decir en voz alta: "soy un águila"? ¿Puedes decir proféticamente, que desde aquí en adelante vivirás como águila? ¿Puedes adoptar como el tema de tu vida: "Como águila seré"? Di conmigo: ¡**Como águila seré**!

Cuando aceptas como lema de tu vida "**Como águila seré**", estás declarando que muchas cosas positivas y poderosas se han de manifestar en ti. En realidad, lo que estás diciendo es que las mismas características positivas, poderosas y victoriosas que tiene el águila en la dimensión natural, las tienes tú en la dimensión espiritual.

Si eres un águila espiritual entonces:

- Tienes alas poderosas para extenderte a las alturas y volar por encima de las tormentas.
- Tu habitación es en las alturas, en la roca ubicada en la cumbre.
- Tu visión es telescópica; puedes ver cosas que la mayoría de las personas no ven.
- Eres una persona de excelencia, de las alturas; vives por encima del nivel de la mediocridad.
- Tienes la capacidad de renovarte día a día, de soltar las plumas viejas: todo aquello que se convierte en un peso adicional innecesario que atrasa.
- Tienes una dieta muy selectiva. No comes "cosas muertas ni descompuestas" pues sabes "que cada cual es lo que come".
- Tienes la responsabilidad de levantar una nueva generación de águilas. Por eso protegerás a tus crías de su mayor enemigo: la serpiente, y te ocuparás de criar a tus aguiluchos para que, igual que tú, se remonten a las alturas.

Mi meta es examinar esas características del águila que acabo de mencionar para que puedas reconocerlas e integrarlas a tu vida. De esta manera podrás funcionar como un águila espiritual, realizar tu propósito, cumplir la visión que Dios te dio y tener una vida abundante, prospera y victoriosa. Te invito a renovar tu mente y a remontarte a las alturas; "…porque los que esperan en Jehová tendrán nuevas fuerzas y levantarán alas como el águila".

Declara en alta voz: "**¡Como águila seré!**"

5

CAPÍTULO I

LAS *alas* DEL ÁGUILA

"Pero los que esperan a jehová tendrán nuevas fuerzas;
levantarán alas como las águilas…"
Isaías 40:31

La primera característica del águila que quiero compartir es el poder de sus alas. El profeta Isaías dice que, gracias a las alas, el águila puede levantar su vuelo. **Algo positivo y poderoso sucede cuando las águilas baten sus alas.** A pesar de ser un ave grande y pesada, sus tremendas alas le dan la capacidad de remontarse a las alturas.

Las gallinas no abandonan su gallinero. Ellas son aves de vuelo corto pues tienen alas cortas. Por el contrario, las alas extendidas del águila pueden medir hasta 8'. Los huesos de sus alas son huecos. Esto provee flexibilidad y fortaleza pues en proporción, sus alas son más fuertes que las alas de un avión.

Cuando declaras: **¡Como águila seré!**, estás diciendo que

enfrentarás la vida siendo un águila; estás diciendo que tienes unas alas poderosas que te impulsarán a las alturas que Dios diseñó para tu vida. Cuando declaras ¡**Como águila seré!**, estás diciendo que, gracias a tus alas, tienes opciones. Las gallinitas no tienen opciones. Tú y yo, como águilas espirituales, no tenemos por qué vivir al nivel del gallinero, del valle, al ras del suelo. Podemos ascender a las alturas. Tenemos opciones.

Dios te hizo águila con alas poderosas, pero es tu decisión extenderlas o no. Es una gran tragedia ver creyentes águilas vivir como si no tuvieran opciones. Son águilas del gallinero, de los lugares bajos. Viven con sus alas inactivas y paralizadas. No se remontan a las alturas. Las gallinitas no tienen opciones, pero si estás en Cristo, tienes opciones; tienes alas de águila.

Para reconocer y usar el poder que Dios ha puesto en ti es necesario que recibas revelación sobre tus alas. No puedes convertirte en águila solo; eso lo hace Dios. No puedes crearte esas poderosas alas; eso solo lo hace Dios. Tu responsabilidad es extender esas alas que Dios ya te ha dado. Es tu responsabilidad batirlas.

Ambientes negativos

Muchos creyentes viven toda su vida en ambientes limitados, disfuncionales, de esclavitud, de pobreza y de miseria. Han vivido ahí toda su vida enfrentando año tras año las mismas situaciones, tentaciones, dilemas, problemas, obstáculos y enemigos. Sus abuelos y padres vivieron en esos ambientes; ellos están viviendo en esos ambientes y sus hijos y nietos ya se están criando en esos ambientes. Han aceptado a Cristo y el Señor los cambió de gallinitas a águilas, pero no han aprendido a usar sus alas. No han aprendido a batir sus alas para salir de esos ambientes castrantes e ir a nuevos niveles, a nuevos ambientes, a nuevas alturas, o sea, a una atmósfera diferente. Teniendo opciones para salir de estos ambientes, no las usan.

Cuando el Señor declaró que eres como águila, declaró que te dio esas alas para que salieras de Egipto y volaras a la tierra prometida. Éxodo 19:4 declara que Dios sacó a su pueblo de tierra de esclavitud como en alas de águila.

El pastor Moya lo dice con excelencia en su libro Destinados para las alturas: "El águila es el mejor ejemplo para representar la calidad o nivel de vida cristiana que Dios quiere para sus hijos" (p. 21). Tú tienes opciones, tienes alas poderosas, por lo tanto, no tienes por qué estar ni un minuto más en la tierra de esclavitud. Es tiempo de salir de ahí; es tiempo de tu éxodo. Extiende tus alas y bátelas; tú tienes opciones.

Profetizo en este día:

- Que habrá un gran éxodo de águilas cautivas que abandonan el suelo; que abandonan esos ambientes negativos para ir a las alturas; para ir a un nuevo nivel de calidad y excelencia.
Que un gran número de águilas recobran su real identidad
- y son liberadas del complejo de gallinitas.
Que las alas de estas águilas que han estado inactivas,
- paralizadas o enfermas, se activan: comienzan a extenderse y a batirse.
Que se cumpla la profecía o visión del profeta Isaías, que
- "los que esperan a Jehová levantarán alas como águilas".

¿Se enojará Dios al ver águilas volando en las alturas? ¿Las llamará para reprenderlas? ¿Las enviará de vuelta al gallinero? Es absurdo pensar que, si Dios creó al águila con alas poderosas, luego se moleste porque las use.

Las mismas alas del águila y su potencial son la confirmación de lo que Dios espera de ellas: que las use y viva en las alturas. Es lo normal, es lo que se espera de ellas. Lo opuesto es lo anormal. Si la Palabra declara que eres águila y tienes alas poderosas, esas alas son la confirmación que perteneces a las alturas. Por lo tanto, lo que Dios espera y su voluntad perfecta para ti es que uses tus alas y te remontes a las alturas.

Es lamentable que algunos maestros enseñen que el progreso, la prosperidad integral, la excelencia son del diablo o es pecado. Es una pena que muchos teólogos glorifiquen la mediocridad, la escasez, la limitación, el atraso y la miseria. Dios no me dio alas para quedarme en el pozo de la desesperación, en ambientes negativos y de esclavitud. Mis alas son la señal divina que pertenezco a las alturas, que Dios ha separado unas alturas para mí (Habacuc 3:19). No es pecado; no es abominación insana ni son pretensiones de grandeza. Así como para le águila lo normal son las alturas, lo son para ti también.

Para poder extender tus alas y salir de esos ambientes, tienes que tomar distancia de muchas personas que están muy conformes con su gallinero, o de aquellos que no tienen revelación sobre sus alas ni de las alturas. Hay gente que no quiere volar, ni que otros vuelen. Difícilmente te remontarás a las alturas si todo el tiempo estás rodeado de gallinitas, de gente de bajo vuelo. Necesitas entrar en contacto con gente de alto nivel, con gente águila, con gente que sabe extender sus alas. Si solo tienes compañerismo con gallinitas, terminarás comiendo maíz, insectos y volando hasta la segunda rama del árbol de mango.

¿Qué estás esperando para extender tus alas? ¿Qué expectativas vas a cumplir, las de Dios o las de la gente promedio? Tú tienes opciones, hay nuevos niveles esperando por ti. No te mueras en el valle si ir a tus alturas.

Sal de la religión, las costumbre y la tradición. Si en tu generación no había águilas, tú estás llamado a ser el primero. Si eres águila, entonces tus hijos serán aguiluchos y no pollitos. No tengas temor en declarar: "como águila seré". Adopta esta frase como tema para el resto de tu vida. Repítelo en la mañana, al medio día, al acostarte, al enfrentar tus dificultades y retos, y ante la oposición del enemigo. Di sin temor: "Como águila seré". Despídete del gallinero y orienta tus alas a tu nuevo nivel.

Tormentas

Otra razón por la cual el Señor le dio alas poderosas al águila fue para enfrentar positivamente las diversas tormentas que encontraría a lo largo de su vida. Las tormentas traen vientos fuertes y poderosos que tienen el potencial de desviarte de rumbo o destruirte. Hay tormentas económicas, de enfermedades, contra el matrimonio, los hijos o el ministerio. Todas buscan detenerte, desviarte y evitar que cumplas tu llamado y tu destino.

¿Cómo enfrenta el águila las tormentas? Al igual que muchas aves y animales, el águila discierne cuándo viene una tormenta, pero no huye de ella como las demás aves. El águila espera en su nido. Cuando los primeros vientos comienzan a llegar, entonces ella enfrenta la tormenta abriendo sus alas y permitiendo que esos mismos vientos la impulsen más arriba. Con su vista puesta en el sol, ella comienza a ascender hasta llegar a colocarse encima de la tormenta. ¡Aleluya! Gracias a sus poderosas alas, ella puede ascender encima de la tormenta usando los mismos vientos que querían desviarla o destruirla.

En la estrategia del águila frente a la tormenta hay varias lecciones que podemos aprender:

- **En primer lugar, no trata de escapar de la tormenta, sino de conquistarla.**

  El Señor claramente nos dijo que tendríamos tormentas, pero su promesa fue que las podríamos vencer (Juan 16:33). Nunca podremos resolver las crisis o problemas huyendo de estos. **Todo problema debe ser confrontado a fin de poder conquistarlo.**

- **En segundo lugar, el águila usa sus alas, las bate y las extiende para poder vencer la tormenta.**

  El problema de muchas águilas espirituales es que no usan lo que Dios les dio para vencer. El Señor permite ciertas tormentas en tu vida porque él sabe que te equipo adecuadamente. Él mismo te dio alas para enfrentarlas y vencerlas. **Las alas representan todos los dones, habilidades, recursos, contactos y armas espirituales que Dios te ha dado. Maximiza lo que Dios ha puesto en tus manos.**

- **En tercer lugar, el águila usa los mismos vientos contrarios pasa impulsarse más arriba.**

  El águila pone a trabajar la tormenta a su favor. De lo peor obtiene lo mejor. Cambia lo negativo a positivo. **Los vientos que querían desviarla ahora la impulsan hacia arriba.**

Necesitamos revelación sobre la tormenta. ¿Sabes cuál fue el impacto de la tormenta sore el águila? La tormenta movió al águila de una cierta altura a otra mayor. La retó a ir más arriba, a un nuevo nivel. Antes de la tormenta el águila estaba muy cómoda en su nivel de altura, pero la tormenta (vientos contrarios poderosos la retó a ir más arriba, la sacó del nido, del nivel de conformidad, de lo conquistado.

Dios permite estas tormentas en tu vida con el mismo propósito, para retarte a ir a nuevos niveles, a ir más arriba. Hay muchas águilas espirituales que están muy cómodas en sus nidos, pero han dejado de crecer y expandirse. Aunque la tormenta viene de parte del enemigo para tratar de desviarte, desanimarte y destruirte, el Señor la permite para sacudirte de tu zona de comodidad y enviarte un mensaje: "es tiempo de ir más arriba, tengo más para ti, muévete a un nuevo nivel".

Lo que el enemigo planificó para mal, Dios lo utiliza para adelantar sus planes contigo y llevarte a mayores alturas. Dios usa hasta los planes del enemigo para impulsar su visión contigo. Dependerá de ti que ante tu tormenta actúes como un águila y no como una gallinita. No te asombres si cada vez que es tiempo de moverte a nuevos niveles, paralelamente enfrentas una tormenta.

Cada tormenta nos confirma que es tiempo de batir nuestras alas, enfocar nuestra mirada en el sol y movernos sobre la tormenta a un nuevo nivel. Es tiempo de salir de esos ambientes negativos y disfuncionales. Es tiempo de ascender sobre tu tormenta y ubicarte en tu nuevo nivel. Es tiempo de tomar control de esa tormenta y ponerla a trabajar para ti. Extiende y bate tus alas. Di conmigo: "**¡Como águila seré!**"

Preguntas del Capítulo 1

1) Describe las características de las alas y el impacto que tienen sobre el águila.

_____

_____

2) ¿Qué diferencia hay entre las águilas del águila y las alas de la gallina?

_____

_____

3) Explica por qué el escritor dice: "como águilas tenemos opciones". Conéctalo con Éxodo 19:4. ¿Has batido tus alas para salir de ese ambiente negativo llamado Egipto?

_____

_____

4) Explica esta frase: "el problema de muchas águilas espirituales no es la ausencia de alas poderosas, sino la falta de uso". ¿De qué vale tener recursos y no usarlos?

_____

_____

5)¿Cuáles son las expectativas de Dios con sus águilas espirituales según Isaías 40:31? Explica que significa para ti levantar alas.

_____

_____

6) El escritor señala que las alas del águila son las que impulsan a las alturas, a salir del gallinero e ir a nuevos niveles de excelencia. Partiendo de ese conocimiento, si nosotros somos águilas espirituales, entonces nuestras alas son las señales que indican que pertenecemos al nivel de excelencia y que Dios espera de nosotros progreso, avance y prosperidad. ¿Estás de acuerdo? Comenta.

_____

_____

7} ¿Crees que un aguilucho criado por "gallinitas" podrá entender el poder de sus alas, cómo usarlas y cómo remontarse a las alturas? ¿Cómo aplicas esta verdad a las águilas espirituales en desarrollo de su potencial, el ambiente donde se crían y con quién andan?

_____

_____

8) Describe el proceso del águila al enfrentar las tormentas.

_____

_____

9) ¿Cuál es la actitud frente a las tormentas espirituales? ¿Crees que huir es la mejor solución?

_____

_____

10) En medio de tus crisis, ¿tiendes a debilitarte y a hacerte la víctima o por el contrario, como el águila, pones en operación los recursos que tienes y te colocas encima de la crisis.

_____

_____

11) ¿Alguna vez has experimentado cosas negativas que vinieron a ti, pero al ponerlas en las manos de Dios y al pasar el tiempo redundaron para tu bien, terminaron impulsándote a tu visión y destino? Da algún ejemplo. Explica cómo el águila José, el hijo de Jacob, vivió este proceso, Compáralo con Romanos 8:29.

_____

_____

13) Explica cómo esta declaración del autor te puede ayudar a enfrentar las tormentas como águila espiritual. "Cada vez que Dios quiere movernos a un nuevo nivel, esto es, llevarnos más arriba, nos sacude de muestra conformidad. Dios permite ciertas tormentas, que, aunque son enviadas por el enemigo para desviarnos, sirven para retarnos a usar las alas para ir encima de las tormentas. Si procesamos nuestras crisis, al final de ellas estaremos más arriba que antes. Tus

tormentas significan que es tiempo de crecer, de ir a un nuevo nivel".

_____

_____

Aplicación: Vuelve a leer Isaías 40:31 y decláralo en tu vida. Di: "activo mis poderosas alas para ir por encima de mi tormenta, para abandonar ambientes negativos y ubicarme en el nuevo nivel. Todo obrará para bien". Si tienes el CD con la canción "Como águila seré", escúchala y cántala proféticamente.

CAPÍTULO 2

LA habitación DEL ÁGUILA

"¿Se remonta el águila por tu mandamiento, y pone en alto su nido? Ella habita y mora en la peña, en la cumbre del peñazco y de la roca".
Job 39:27-28

Las águilas no viven en cualquier sitio. El lugar donde operas, donde te ubicas y donde enfrentas la vida es más importante de lo que muchos creen. El águila no hace su nido en cualquier lugar. El nido es la casa del águila y en ese nido vivirá por unos 50 años. Allí criará a sus hijos, comerá, descansará, dormirá y desde allí dominará su región.

¿Dónde hace su nido el águila? A diferencia de las gallinas, que hacen su nido en el suelo, y de los buitres, que hacen su morada en árboles caídos o de baja altura, el águila hace su nido en la cumbre de las peñas que están en las montañas. Puede ser construido a una altitud de hasta mil pies.

"¿Se remonta el águila por tu mandamiento y pone en alto su nido? Ella habita y mora en la peña, en la cumbre del peñasco y de la roca".

Job 39:27-28

Si eres águila espiritual, tu nido (habitación) no puede estar en árboles caídos o en el piso; solo podrá estar en la hendidura de la peña, en lo alto de la montaña. El texto dice que habita y mora en la peña, en la cumbre del peñasco.

El salmista declaró que el Señor lo sacó del pozo de la desesperación, del lodo cenagoso y que puso sus pies en la peña. Entonces sus pasos fueron enderezados. ¿Ves la conexión?

"Y me hizo sacar del pozo de la desesperación, del lodo cenagoso: puso mis pies sobre peña, y enderezó mis pasos".

Salmo 40:2

Los pasos del salmista no fueron enderezados hasta que fue sacado del lugar cenagoso o de la profundidad del pozo (lugar bajo) y puesto sobre la peña (lugar alto). Mientras estuvo en el lugar bajo, no pudo realizar su llamado ni cumplir su propósito. Sus pies, primero tuvieron que estar en el lugar correcto, en el lugar firme y en el lugar alto. Este fue un cambio drástico, pero necesario. Del lugar oscuro, feo, bajo, profundo e inestable, al lugar alto y seguro: la peña. El mensaje es claro. No hay progreso hasta que tu habitación esté en el lugar alto, hasta que tu "nido" esté sobre la peña.

Cristo la peña

Como águilas espirituales, nuestros pies y nuestra habitación están en la peña. La peña es símbolo de Cristo. Cuando recibimos a Cristo dejamos los gallineros, los pozos y el lodo para poner nuestros pies en la peña: Cristo. Ya no pertenecemos más al pozo, al lodo, al llano. Pertenecemos a la cumbre de la peña y vivimos como el águila.

Efesios 1:20-21 declara que Dios resucitó a Cristo y este ascendió hasta lo más alto, pasando por, sobre todo nombre y principado, autoridad y señorío de los aires, hasta llegar a los lugares celestiales y sentarse a la diestra de Dios: el pico más alto de la cumbre, el trono de Dios.

"La cual operó en Cristo, resucitándole de los muertos y sentándole a su diestra en los lugares celestiales, sobre todo principado y autoridad y poder y señorío, y sobre todo nombre que se nombra, no sólo en este siglo, sino también en el venidero".

Efesios 2:6 hace una conexión poderosa con el texto anterior y declara que al aceptar a Cristo fuimos resucitados juntamente con él y ascendidos a los lugares celestiales juntamente con Cristo, y fuimos sentados en esos lugares celestiales al lado de Cristo.

"Y juntamente con él nos resucitó, y asimismo nos hizo sentar en los lugares celestiales con Cristo Jesús".

Donde está Cristo, estamos nosotros. Cristo está en la cumbre, allí también está nuestra habitación. Esa es nuestra residencia espiritual. Hay una gran diferencia entre tener los pies en el pozo y estar sentados con Cristo en los lugares celestiales. ¡Aleluya!

Cuando dices que tus pies están en la peña, en Cristo, estás diciendo que estás asentado sobre aquel que venció el pecado, la muerte, al enemigo y al mismo infierno. Cristo es Emmanuel: Dios con nosotros. Él es el Verbo de Dios, el Primogénito de entre los muertos, el Admirable, el Consejero, el Príncipe de Paz, el Soberano de todos los reyes de la tierra, el Alfa y Omega, el Lirio de los valles, la Rosa de Sarón, el Salvador, el Sanador, el Libertador, el que le pisó la cabeza al diablo, mi Proveedor, mi Intercesor, mi Pan, mi Agua, mi Puerta, el Camino, la Verdad y la Vida, el Buen Pastor, el Cordero de Dios, el León de la tribu de Judá, Amén.

Mis alturas: Habacuc 3:19

El profeta Habacuc recibió revelación sobre su lugar de habitación espiritual. En medio de su crisis, el profeta está amargado, confundido y cuestionando a Dios. El Señor le ministra, le muestra y le revela cuál es el lugar de su habitación. El profeta entonces es mudado espiritualmente del "pozo de la desesperación y el lamento" a las alturas de Dios. El profeta descubre que Dios ha apartado unas alturas para él, de donde está llamado a operar y enfrentar la vida.

"Jehová el Señor es mi fortaleza, el cual hace mis pies como de ciervas, y en mis alturas me hace andar".

Habacuc 3:19.

Desde "sus alturas" las cosas se ven y se entienden de forma diferente. Ahora al profeta no le importa si las vides no dan su fruto, si no hay vacas en los corrales ni ovejas en la majada. Ahora, desde sus alturas, entiende que el Señor es su fortaleza y eso es todo lo que necesita. Ahora, desde sus alturas, en vez de queja, depresión y desesperación, el profeta puede regocijarse aun en medio de la crisis.

"Con todo, yo me alegraré en Jehová, y me gozaré en el Dios de mi salvación".

Habacuc 3:18

Dios tiene separadas unas alturas personales para ti y para mí.

Cuando Dios te hace águila, no te da alas solo para remontarte a las alturas, sino para que habites permanentemente en ellas. Te separa ese asiento con Cristo que lleva tu nombre y es exclusivo para ti.

Dios tiene expectativas contigo. Él espera que extiendas tus alas, te remontes a las alturas y hagas tu nido en la peña. Él ha separado tus alturas; ya no perteneces al pozo o al lodo. El pastor Tommy Moya lo dice en su libro Destinados para las alturas: Si eres águila, hay una orden de Dios para ti: múdate a las alturas. Hoy es tu día de reubicación, de mudanza.

Buscando las cosas de arriba: Colosenses 3:1-2

En la carta del apóstol Pablo a los Colosenses se nos dice nuevamente que pertenecemos a las alturas. Por eso debemos buscar las cosas de arriba donde está Cristo y no las de la tierra (las del pozo, el lodo, el valle de sombras).

"Si, pues, habéis resucitado con Cristo, buscad las cosas de arriba, donde está Cristo sentado a la diestra de Dios. Poned la mira en las cosas de arriba, no en las de la tierra".

Colosenses 3:1-2

Al igual que las águilas, debemos desarrollar gusto por las alturas, por las cosas de arriba. Hemos estado tanto tiempo viviendo en el pozo, que muchos no tienen activado su gusto por las cosas de arriba. El águila no anda de continuo en los gallineros y de vez en cuando va a las alturas. Él pertenece a las alturas. Orienta tu mirada a las cosas de arriba. La Escritura dice que nuestra ciudadanía es de los cielos, de donde también esperamos a nuestro Señor Jesucristo (Filipenses 3:20). Refina tu gusto como águila espiritual.

Si tu habitación está en la peña, en las alturas, y estás buscando las cosas de arriba, entonces estás operando y viviendo de acuerdo con el gobierno de Dios, de acuerdo con sus principios espirituales, a sus promesas y a su plan perfecto. No vivas por filosofías, rudimentos, cuentos, fábulas, opiniones, razones, lógica, cultura o religión. **Como ciudadano del reino (águila) vive de acuerdo con el poder del cielo, con los recursos del cielo y con las estrategias del cielo.**

Hay una gran diferencia entre vivir en el pozo y vivir en la cumbre de la peña. Hay una gran diferencia entre buscar las cosas de abajo y buscar las cosas de arriba. La calidad, efectividad y productividad de la vida que se vive desde las alturas no tiene posible comparación con la vida que se vive desde el pozo, el valle, desde abajo. Pregúntale al profeta Habacuc o al salmista David.

Es triste que haya águilas espirituales que aun no hayan extendido sus alas y sigan viviendo en lo bajo. Águilas que no han visitado sus alturas y por consiguiente el asiento que Jesús les separó está vacío. La expectativa de Dios es que te muevas a tus alturas y que desde ahí puedas enfrentar los retos de la vida. Sólo así podrás realizar tu propósito y podrás cumplir con tu destino divino.

Múdate a tus alturas. Ni un día más en el pozo, en lo bajo. La vida es mejor desde las alturas de Dios.

Di conmigo "Como águila seré".

Preguntas del Capítulo 2

1) ¿Dónde hace el águila su nido? ¿Por qué es tan importante para la pareja de águilas el lugar donde viven? ¿Qué diferencia hay entre la habitación del águila y la habitación de la gallina o el buitre? Explica.

_____

_____

2) ¿Qué representa la peña en la Biblia?

_____

_____

3) Usando el Salmo 40:2, el escritor hace una conexión entre habitación y progreso. ¿Qué relación hay entre el lugar donde vives y el poder realizar tu llamado?

_____

_____

4) Explica esta declaración: "Los pasos del salmista no fueron enderezados hasta que sus pies fueron sacados del pozo y del lodo, y colocados sobre la peña".

_____

_____

5) Compara Colosenses 1:13 con la declaración anterior. ¿Qué significa ser trasladados? ¿Cuándo ocurre esta mudanza, al inicio de nuestra vida en Cristo o al final? ¿Cómo afirma este texto la importancia del lugar donde vivimos y operamos?

_____

_____

6) ¿Dónde está tu habitación según Efesios 1:20-21, Efesios 2:6 y Habacuc 3:19?

_____

_____

7) Explica el cambio que experimentó el profeta Habacuc cuando dejó de operar desde abajo para operar desde sus alturas. ¿Cómo cambió su perspectiva y su estado anímico? ¿Qué cosas descubrió o pudo ver que antes no veía ni entendía? ¿Cuál fue su nueva declaración de fe (Habacuc 3:17-19)?

_____

_____

8) ¿Puedes evaluarte según la experiencia de Habacuc? ¿Desde dónde estás operando o enfrentando tu vida?

____ Desde mis alturas   ____ Desde el trono de Dios

____ Desde el pozo   ____ Desde el lodo cenagoso

¿A quién te pareces más?

___ Al Habacuc que estaba molesto, irritado y quejoso.

___ Al Habacuc que mudó su habitación a sus alturas y dijo: "con todo yo me gozaré".

9) ¿Por qué la calidad, efectividad y productividad de la vida que se vive desde la peña supera a la calidad, efectividad y productividad de vida que se vive desde el pozo?

_____

_____

10) ¿Cuál es la orden que se da a las águilas espirituales en Colosenses 3:1-27? ¿A dónde pertenecemos? ¿Qué cosas debemos buscar y anhelar? ¿En qué cosas debemos poner nuestra mirada? ¿Lo estás haciendo? ¿Puedes evaluarte rápidamente y ver cuáles son tus prioridades? ¿Cómo usas tu tiempo? ¿Cuál es el contenido de tus oraciones? ¿Cuáles son los anhelos y deseos de tu corazón?

_____

_____

11) ¿Qué significa refinar el gusto por las alturas? ¿Concuerda tu declaración con Filipenses 3:20 y Efesios 5:1-12?

_____

_____

12) ¿Te gustan las alturas, o lo mismo te da el pozo que la cumbre, el valle que la peña?

_____

_____

13) El escritor clarifica que vivir en las alturas no es enajenarse de su realidad terrenal. Para él, vivir en las alturas significa que vivimos de acuerdo al poder del cielo, con los recursos del cielo, con las estrategias del cielo, de acuerdo al gobierno y principios del reino de Dios. ¿Qué entiendes por esa declaración?

_____

_____

Lee Isaías 40:31 y Job 39:27-28 y di: "Como soy águila, levanto mis alas y abandono todo pozo. Me mudo a mis alturas, a la peña, a la cumbre".

Canta el himno: Como águila seré

CAPÍTULO 3

LA
visión
DEL ÁGUILA

"Desde allí acecha la presa; sus ojos observan de muy lejos".
Job 39:29

El águila no solo se caracteriza por sus poderosas alas o por vivir en las alturas. También se distingue por su excelente visión. Como dice Job 39:29 "...sus ojos observan de muy lejos". Cuando dices "Como águila seré", estás diciendo: "tengo visión de águila, soy una persona con visión": estás proclamando a otros: "soy un visionario".

El águila, a diferencia de las gallinas, el buitre u otras aves, tiene una visión poderosa y extraordinaria. Sus ojos son grandes, tienen doble párpado y una visión telescópica. Pueden ver pequeñas cosas desde las alturas con gran precisión. Desde una altura de 600' pueden ver una moneda de 10 centavos en un terreno donde haya yerba de 6" de alto. Eso es vista telescópica. El águila puede ver más allá de lo común, de lo ordinario, de lo promedio. El águila puede ver lo que otros, la gran mayoría, no pueden ver.

Visión es igual a victoria

Existe una poderosa conexión entre visión y éxito, entre visión y alcanzar las metas y realizar el propósito de Dios en tu vida. Tener visión de águila no es algo opcional o un lujo para aquellos que quieren tener victoria en sus vidas. Tener visión es un requisito. Hay cosas que tenemos que "ver" para alcanzar el éxito. Oseas 4:6 dice: "Mi pueblo pereció por falta de revelación, conocimiento" que es igual a visión. La falta de visión producirá muerte, o sea fracaso; significa que no vas a lugar alguno, que no tendrás avance, progreso ni éxito. Lo que no puedes ver tiene el poder de detenerte.

Hay cosas que Dios nos quiere mostrar o revelar, pero sólo los que tienen visión de águila podrán verlas. Si eres un águila espiritual, estás capacitado para ver lo que la mayoría no ve, y en vez de fracaso o muerte tendrás éxito. **No te puedes arriesgar a vivir sin ver lo que Dios te quiere mostrar.** Si lo haces estás en desventaja.

Vista Natural: I^{ra} Corintios 2:14

"Pero el hombre natural no percibe las cosas que son del Espíritu de Dios, porque para él son locura, y no las puede entender, porque se han de discernir espiritualmente".

El apóstol Pablo enseñó que la persona natural (no creyente) no puede percibir, entender, comprender o asimilar las cosas del Espíritu, porque para él son locura. Las cosas del Espíritu se han de discernir espiritualmente. La persona que opera sólo en el plano natural, que sólo tiene visión física, no puede ver las cosas de Dios; necesita visión espiritual, visión de águila. **La visión natural es limitada, la visión espiritual tiene más alcance, más poder y es aún más importante que la visión física.**

¿Sabes por qué muchos «pisan y no arrancan» (intentan hacer algo, pero no tienen resultados)? Porque solo están operando en el nivel natural. Ponen en acción solamente lo que ven sus ojos físicos y pasan por alto las cosas del Espíritu. Aun "viéndolas" no las entienden y por ende no las pueden maximizar. Con la visión natural solamente (el entendimiento natural) no podrás entender lo de Dios. ¿Y cómo podrás poner en ejecución lo que no entiendes? Tendrás que dejarlo a un lado, porque escapa a tu intelecto. Eso es una limitación.

Por otro lado, las águilas espirituales pueden ver lo que proviene de Dios y sacarle provecho. Pueden tomar decisiones informadas; pueden actuar basadas en información espiritual que proviene de los cuarteles celestiales de Dios. El hombre espiritual puede discernir las causas reales de los problemas y por consiguiente también puede ver las soluciones verdaderas. **Solo las águilas espirituales están capacitadas para tener sueños y visiones de Dios y activarlos.**

La iglesia de Laodicea: Apocalipsis 3:17-18

Hay muchas águilas espirituales que no solo tienen sus alas atrofiadas, sino también su visión. Es posible ser águila y estar ciego. La iglesia de Laodicea era una iglesia águila, pero estaba ciega. El Señor Jesús la evaluó y encontró cinco grandes deficiencias: era una iglesia desventurada, en miseria, pobre, ciega y desnuda.

Jesús le dice a esta águila espiritual empobrecida que compre del oro refinado, que se vista de las vestiduras blancas que él tiene para ella y que consiga colirio para que unja sus ojos a fin de volver a ver. El Señor está interesado en que su iglesia tenga visión de águila y que pueda ver lo que él le quiere mostrar. Una iglesia ciega, sin visión, perecerá. En este tiempo el Señor está recetando colirio a sus hijos águilas, porque lo que veas de parte del Espíritu impactará tu vida y te impulsará a nuevos niveles.

Si la visión no fuera tan importante, el Señor ni se hubiera preocupado en diagnosticar esa limitación y menos en recetarle colirio. Tu visión espiritual es clave en tu progreso. La voluntad del Señor no es que estés ciego, sino que recuperes tu visión espiritual.

La sierva Agar: Génesis 21:15-19

La historia de Agar muestra esta verdad. Es un peligro vivir sin visión espiritual. Hay cosas que necesitas ver para poder maximizarlas. Agar se tiró a morir con su hijo en el desierto, porque se le acabó el agua y el pan. Lo impactante de esta historia es que a unos pocos pasos había una fuente de agua (un oasis). Dios tuvo que abrir sus ojos para que viera que lo que necesitaba ya estaba allí.

"Entonces Dios le abrió los ojos, y vio una fuente de agua; y fue y llenó el odre de agua, y dio de beber al muchacho".

Génesis 21:19

El milagro no fue que Dios creó un oasis para ella; el oasis siempre estuvo allí. El milagro consistió en que Agar pasó de ser una "gallinita" a ser águila. Ella recibió vista de águila para poder ver su provisión. El problema de Agar no era falta de provisión, sino de visión. Casi se muere al lado de su provisión.

Jamás podrás identificar tu provisión, los recursos divinos que son tuyos, las conexiones divinas que Dios ya ha arreglado para ti, las bendiciones que ya son tuyas, si careces de visión de águila. No puedes maximizar lo que no ves. No fue hasta que Agar vio la fuente que le pudo dar de beber a su hijo. Nuevamente Oseas 4:6 se cumple en esta historia: gente sin visión perecerá. Sin embargo, la visión traerá vida.

Dios tiene mentores espirituales para ti. Quizás ya están a tu lado, pero no los has identificado. Como no los has visto, no puedes ponerte bajo su cobertura para recibir lo que tienen para impartirte. Estás orando para que Dios los envíe, cuando ya están a tu lado. También hay algunas damas solteras pidiendo a Dios por su compañero. Dios ya lo envió; el problema es que no lo han visto. Tu petición está más cerca de lo que piensas. Necesitas que Dios abra tus ojos espirituales, porque solo con la visión no podrás ver todo lo que Dios ha separado para ti.

David: 1er Samuel 16:1-13

Cuando el profeta Samuel fue a ungir al próximo rey de Israel de entre los hijos de Isaí, miró solo lo que veían sus ojos físicos. Por eso se entusiasmó cuando vio al hijo mayor de Isaí, al igual que al resto de sus hermanos. Todos eran altos, fuertes, hermosos, hombres de guerra, pero ninguno era el elegido de Dios. Dios le tuvo que dar visión espiritual al profeta para que pudiera ver con ojos de águila al próximo rey. Aquel a quien despreciaron, que no contaban con él: aquel que no daba las especificaciones según lo natural, resultó ser el elegido, el ungido, el pastorcito David.

"... No mires a su parecer, ni a lo grande de su estatura, porque yo lo desecho; porque Jehová no mira lo que mira el hombre; pues el hombre mira loque está delante de sus ojos, pero Jehová mira el corazón".

1er Samuel 16:7

Solo con los ojos de águila, Samuel pudo ver e identificar al próximo rey de Israel. No permitas que los "David's" que Dios envíe a tu vida pasen por tu lado sin "verlos". Tal vez a primera vista no luzcan como reyes ni llenen tus expectativas. Con tu vista natural no los podrás identificar. Necesitas que Dios te dé vista de águila. No te conformes con un Eliab cuando Dios tiene un David para ti.

Maná: Éxodo 16:4-15

Cuando el pueblo de Dios comenzó a atravesar el desierto rumbo a la tierra prometida, Dios le dijo que los alimentaría con pan del cielo. Les prometió que nunca les faltaría el pan ni el agua. Pero el día que descendió el pan del cielo, ellos no lo reconocieron como pan, y dijeron ¿Qué es esto? La palabra maná significa ¿"Qué es esto"? Llamaron, al pan del cielo que vino directo de la mano de Dios, "maná". No pudieron identificar su provisión.

Muchas veces tenemos la provisión de parte de Dios que suplirá nuestras necesidades, tenemos la contestación a nuestras peticiones, pero cuando las vemos decimos "mana", porque carecemos de vista espiritual para identificar nuestro pan. Las águilas espirituales no le dicen maná a su pan del cielo, sino que le echan mano y le dicen: esto es mi pan.

Los 12 espías: Números 13 y 14

La razón por la cual diez de los doce espías fracasaron está íntimamente relacionada con la visión. Diez espías eran "gallinitas" y solo dos eran "águilas." Dos pudieron ver lo que Dios quería hacer mientras que los otros solo vieron el plano natural. Por tal razón los diez espías no pudieron discernir los planes de Dios y determinaron que era una locura tomar la provisión que Dios mismo les estaba dando. El pasaje muestra una conexión poderosa entre visión, confesión y resultado. Lo que veas será lo que confieses, y lo que confieses será lo que recibirás. El resultado, sea positivo o negativo, depende de tu visión.

Visión

¿Qué vieron los 10 espías? Ellos vieron una ciudad amurallada, hombres grandes, luego añadieron que eran gigantes ya su vez se vieron como langostas, como insectos, como enanos.

"y hablaron mal entre los hijos de Israel, de la tierra que habían reconocido, diciendo: La tierra por donde pasamos para reconocerla, es tierra que traga a sus moradores; y todo el pueblo que vimos en medio de ella son hombres de grande estatura. También vimos allí gigantes, hijos de Anac, raza de los gigantes, y éramos nosotros, a nuestro parecer, como langostas; y así les parecíamos a ellos."

Números 13:32

Confesión

¿Cuál fue su confesión? Confesaron, ante lo que vieron, que no podrían subir contra ese pueblo, que los gigantes eran más fuertes y que iban a ser derrotados, que era mejor volver a Egipto y que en todo caso iban a morir en el desierto.

"Mas los varones que subieron con él, dijeron: No podremos subir contra aquel pueblo, porque es más fuerte que nosotros".

Números 13:31

Resultado

¿Cuál fue el resultado? Recibieron lo que confesaron. Ninguno de ellos entró; no subieron; no pisaron la tierra prometida; murieron en el desierto según confesaron.

"y los varones que Moisés envió a reconocer la tierra, y que al volver habían hecho murmurar contra él a toda la congregación, desacreditando aquel país, aquellos varones que habían hablado mal de la tierra, murieron de plaga delante de Jehová".

Números, 14:36-37

Una visión deficiente produce una confesión deficiente, que a su vez produce un resultado negativo: una derrota.

El mismo esquema operado desde la perspectiva de Josué y Caleb se ve diferente. Estos dos espías eran dos águilas. Tenían una visión espiritual: podían ver lo que los demás no podían.

Visión

¿Qué vieron estas dos águilas?

"Y Josué hijo de Nun y Caleb hijo de Jefone, que eran de los que habían reconocido la tierra, rompieron sus vestidos, y hablaron a toda la congregación de los hijos de Israel, diciendo: La tierra por donde pasamos para reconocerla, es tierra en gran manera buena. Si Jehová se agradare de nosotros, él nos llevará a esta tierra, y nos la entregará; tierra que fluye leche y miel. Por tanto, no seáis rebeldes contra Jehová, ni temáis al pueblo de esta tierra; porque nosotros los comeremos como pan; su amparo se ha apartado de ellos, y con nosotros está Jehová; no los temáis".

Números. 14:6-9

En primer lugar, vieron que **Dios estaba con Israel** cual poderoso gigante. Ellos vieron a uno más grande que aquellos hombres, a Dios mismo. De ahí pudieron ver que sería una tarea fácil conquistar aquella tierra. Los diez espías no mencionan a Dios en su reporte; no lo pudieron ver. Solo vieron los obstáculos, los problemas, los imposibles, las dificultades y sus limitaciones, pero no vieron a Dios con su poder y su grandeza. Las águilas espirituales siempre pueden ver a Dios por encima de los obstáculos.

En segundo lugar, Josué y Caleb pudieron ver espiritualmente, que aquella ciudad estaba sin amparo, a pesar de las grandes murallas, las armas que tenían y la estatura de los moradores de la ciudad. Estaban muertos de miedo: estaban sin cobertura. Pudieron ver que era inminente la victoria del pueblo de Dios: "**Los comeremos como pan**".

En lo natural parecían invencibles, pero en lo espiritual, su realidad era que estaban muertos de miedo ante el pueblo que dirigía Moisés. Cuarenta años después, Rahab la ramera testificó ante los dos espías que envió Josué, que desde que su pueblo supo de la victoria de los israelitas ante el Faraón y todas las maravillas que su Dios había hecho con ellos, habían perdido la paz, desmayó su corazón y entraron en pánico, porque sabían que cuando les llegara su turno serían vencidos. Lo que Rahab testificó Josué y Caleb lo sabían hacía 40 años, porque lo pudieron ver en su espíritu.

"Sé que Jehová os ha dado esta tierra; porque el temor de vosotros ha caído sobre nosotros, y todos los moradores del país ya han desmayado por causa de vosotros. Porque hemos oído que Jehová hizo secar las aguas del Mar Rojo delante de vosotros cuando salisteis de Egipto, y lo que habéis hecho a los dos reyes de los amorreos que estaban al otro lado del Jordán, a Sehón y a Og, a los cuales habéis destruido. Oyendo esto, ha desmayado

nuestro corazón; ni ha quedado más aliento en hombre alguno por causa de vosotros, porque Jehová vuestro Dios es Dios arriba en los cielos y abajo en la tierra."

Josué 2:9-11

Confesión

Como la visión fue diferente, la confesión también fue diferente.

"...Subamos luego, y tomemos posesión de ella; porque más podremos nosotros que ellos".

Números 13:30

Resultado

¿Qué resultado experimentaron Josué y Caleb?

"Vosotros a la verdad no entraréis en la tierra, por la cual alcé mi mano y juré que os haría habitar en ella; exceptuando a Caleb hijo de Jefone, y a Josué hijo de Nun".

Números 14:30

Estas dos águilas que vieron que se podía poseer la tierra y que lo confesaron audiblemente, fueron los únicos que entraron, de la generación original, cuarenta años después. Alcanzaron victoria y éxito: cumplieron su destino. Esto es un principio espiritual: Visión Espiritual, confesión correcta y resultado positivo. Lo que puedes ver como águila te conecta con tu victoria, con tu éxito, con tu avance y con tu progreso. Lo que no pudieron ver los diez espías, los puso en desventaja. Confesaron mal y terminaron mal, en derrota y muerte.

Nuevamente se cumple Oseas 4:6, "Mi pueblo perece por falta de visión".

No te puedes arriesgar a carecer de visión de águila: no puedes operar en el espíritu de la iglesia de Laodicea; no puedes operar en el espíritu de los diez espías o en el espíritu de Agar. Es peligroso; es atraso; es fracaso; es muerte. Tienes que declararte un visionario con vista de águila, y que como Josué y Caleb podrás ver lo que otros no ven; que podrás recibir los sueños y visiones de Dios y maximizarlos. Dios no te sacó de Egipto para que murieras en el desierto. Tú no eres una langosta, ni tus enemigos son tan grandes e invencibles. "Mayor es el que está con nosotros que el que está en el mundo."

Di conmigo "Como águila seré; soy un visionario".

Preguntas del Capítulo 3

1) Menciona las primeras dos características del águila que ya hemos analizado. ¿Qué implican para ti como águila espiritual?

_____

_____

2) ¿Cuál es la tercera característica del águila que se discute en este libro?

_____

_____

3) Describe la visión del águila y cómo le ayuda a cazar o a defenderse de sus enemigos.

_____

_____

4) Explica: "Hay una poderosa conexión entre visión y éxito, entre visión y alcanzar las metas y propósito de Dios para tu vida".

_____

_____

5) ¿Cuál es el resultado de carecer de visión según Oseas 4:6? ¿Qué significa aquí el término muerte?

_____

_____

6) ¿Qué desventajas tiene la persona natural vs. la persona que está en Cristo (águila espiritual) según 1ra Corintios 2:14?

_____

_____

7) Explica: "Enfrentar la vida, sólo con la visión física.

_____

_____

8) ¿Te consideras un visionario? ¿Has estado viendo las visiones de Dios para ti? ¿Has estado discerniendo las cosas del Espíritu y maximizándolas?

_____

_____

9) Helen Kepler, una invidente de nacimiento que se superó a través de toda su vida dijo, que la verdadera tragedia no era carecer de vista física, sino tenerla, pero carecer de "visión". Explica.

_____

_____

10) ¿Cuál fue la gran tragedia de la Iglesia de Laodicea? Explica. Ver Apocalipsis 3:17-18 ¿Cómo podemos detectar en este pasaje que tener visión espiritual es un requisito para los hijos de Dios y la Iglesia del Señor? Pista: Examina la declaración e invitación de Jesús. ¿Crees que hoy todavía existen águilas ciegas que necesiten colirio del cielo?

_____

_____

_____

_____

11) ¿Qué cosas puedes aprender de la historia de Agar y su niño en el desierto? Enumera y explica.

_____

_____

12) ¿Qué cosas puedes aprender de la visita del profeta Samuel a la casa de Isaí para ungir al próximo rey de Israel? Explica.

_____

_____

13) ¿Has llamado "maná" a cosas que eran la contestación de Dios a tus peticiones y no las pudiste reconocer?

_____

_____

14) Explica la conexión que hace el escritor entre visión, confesión y resultado con el pasaje de los 12 espías. ¿Cómo lo aplicas a tu vida hoy?

_____

_____

15) Lee el último párrafo del capítulo 3 como resumen de esta lección. Léelo en voz alta, segura y lentamente.

CAPÍTULO 4

LA
excelencia
DEL ÁGUILA

"Estando persuadido de esto, que el que comenzó en vosotros la buena obra, la perfeccionará hasta el día de Jesucristo".
Filipenses 1:6

El águila se distingue por su excelencia; todo en ella nos habla de excelencia. Sus alas son símbolo de excelencia; su vuelo en las alturas, su capacidad de renovarse y su porte de majestad también son símbolo de excelencia. Cuando decimos: "como águila seré," estamos diciendo que viviremos a un nivel de excelencia por encima de la mediocridad y lo deficiente.

Dios nos envía un mensaje cuando compara nuestra identidad espiritual con el águila. Él espera que vivamos en excelencia. Esa es su expectativa contigo. ¿Sabes por qué Dios espera que camines en excelencia? Porque él es el Dios de la excelencia.

Dios de la excelencia

Estos textos afirman que **Dios es el Dios de la excelencia** y por lo tanto también sus hijos deben vivir en ese nivel de la excelencia.

"Estando persuadido de esto, que el que comenzó en vosotros la buena obra, la perfeccionará hasta el día de Jesucristo."

Filipenses 1:6

El apóstol Pablo afirma que Dios nos creó como una buena obra, pero no se detuvo ahí. Él aun está trabajando en nosotros de manera continua a lo largo de toda nuestra vida. Su plan es llevarnos a un nivel de perfección, óptimo, de madurez y de calidad. Pablo estaba persuadido, esto es, plenamente convencido que Dios está decidido a que vivamos en un nivel de excelencia. Pablo había recibido revelación de Dios y dice de manera categórica que Dios no va a tranzar con nada que no sea la manifestación de la excelencia en nuestras vidas. **Dios no se conforma rápidamente con cualquier buen resultado, él va en busca de lo excelente en ti.**

"El que sacia de bien tu boca de modo que te rejuvenezcas como el águila."

Salmo 103:5.

Dios está interesado en mantenernos a un nivel de excelencia. Él no quiere que envejezcamos prematuramente o descendamos del nivel de excelencia a un nivel de mediocridad o deficiente. De manera intencional, el salmista David dice que Dios nos bendice y manifiesta su poder sobre nosotros, renovándonos, como le sucede al águila.

Hay un momento en la vida del águila en que pierde sus fuerzas, sus plumas envejecen, su pico se dobla y pierde efectividad para remontarse a las alturas. Cuando esto sucede, el águila se aparta a una cueva segura donde se arranca sus plumas y su pico. Allí recibe nuevas plumas, garras y pico. Esta renovación le devuelve su agilidad, poder, majestad y su capacidad para volar a las alturas. Dios conoce todas aquellas cosas que te provocan debilidad o envejecimiento, y que atentan contra la medida de la excelencia que él ha diseñado para ti. Por eso te ministra como al águila, llevándose "tus plumas viejas": toda carga y peso que te limita, te debilita y te hace envejecer prematuramente.

En 1ra Pedro 2:9 se declara que Dios nos ha hecho **linaje escogido**. En Hageo 2:9 dice que el plan de Dios es movernos **de una gloria a una gloria mayor**, de un nivel de excelencia a uno de mayor excelencia. El Salmo 84:7 nos indica que Dios nos llevará **de poder en poder**. La Palabra nos habla del empeño de Dios porque vivamos en el nivel de la excelencia. Dios es el Dios de lo excelente, del incremento, del avance y del progreso.

El espíritu de la mediocridad

Cuando vivimos en excelencia nos alejamos de la mediocridad. Uno elimina lo otro. Jamás podremos vivir en excelencia y en mediocridad a la vez. El enemigo número uno de la excelencia es la mediocridad. La mediocridad significa: "el lugar medio", "entre", "el promedio". La gran mayoría de las personas viven en el nivel promedio, esto es, en la mediocridad. Están por encima de lo malo, porque están en lo bueno, pero a la vez están por debajo de lo excelente. Alguien dijo y lo dijo bien: "**el peor enemigo de lo excelente es lo bueno**".

Lo que nos detiene de alcanzar la excelencia es que nos hemos conformado con lo bueno. Lo bueno nos ha impedido ir más arriba y alcanzar un nuevo nivel. Cuando pactamos con lo bueno, nos privamos de lo excelente. Lo bueno es bueno, pero lo excelente es mejor. ¿Por qué quedarme al nivel de lo bueno como si fuera todo, cuando hay un nivel de excelencia frente a mí?

Mediocridad

La mediocridad es el hacer las cosas usando solo la mitad de nuestros esfuerzos y recursos. Lo mediocre se distingue porque siempre tiene el potencial de ser mejorado. Nos convertimos en personas mediocres cuando pudiendo hacer algo mucho mejor, lo hacemos por debajo de ese nivel. Podemos llamar mediocre a todo aquello que tiene espacio para superarse y no lo hace.

La mediocridad es como un cáncer, como una plaga que afecta a muchos: los detiene, los limita y los mata. La mediocridad es un espíritu que tiene atado a miles de "águilas espirituales". Es un espíritu poco identificado en la iglesia y muy pocas veces expulsado. De hecho, en muchos lugares es bienvenido y miles se sienten muy cómodos operando en el promedio. Muy pocas veces, por no decir ninguna, he escuchado oraciones en la iglesia expulsando al espíritu de mediocridad. Sí he escuchado echar fuera el espíritu de fornicación, mentira, gula y enfermedad, pero ¿de mediocridad? Parece que esa es la norma en los hogares, escuelas, trabajos, iglesias y ministerios.

En las escuelas, muchos estudiantes tienen malas calificaciones y no se debe, necesariamente, a la falta de capacidad o inteligencia. Es más bien un problema de mediocridad. Lo que les interesa a muchos es pasar el curso. Lo mismo les da obtener una calificación de C, B o una A. Tienen capacidades, pero no se esfuerzan porque están atados a una actitud de mediocridad.

De igual forma hay muchos empleados que no reciben aumentos, promociones, compensaciones especiales ni reconocimientos en sus trabajos, a pesar de tener capacidades, talentos y oportunidades, La razón es la misma: el espíritu de mediocridad. Se conforman con tener un empleo y poder pagar sus deudas.

En la iglesia también hay muchos hermanos que se conforman con asistir una o dos veces por semana a las reuniones, sentarse en los escaños e irse al cielo cuando Cristo venga o cuando llegue el fin de sus días. Muchos cristianos águilas, que salieron de Egipto rumbo a la tierra prometida, tranzaron con el desierto. "Es mejor que Egipto", dicen. Muchos cristianos águilas salieron del valle rumbo a la cumbre, pero a mitad de camino compraron una casa con una azotea y se quedaron en ese nivel. "Es mejor que el valle", dicen. Negociaron con una azotea en vez del cielo. Se quedaron en el medio entre lo malo y lo mejor.

Son muchos los cristianos atascados en "el medio", en el promedio. En vez de avanzar, se han conformado con sobrevivir. En vez de ir a las alturas, se han conformado con dar vuelos cortos. En vez de ver lo que nadie más puede ver, se han conformado con ver lo que es obvio. En vez de surcar los aires con la majestad del águila, andan en bandadas con buitres. En vez de vivir en lo alto de la cumbre, en la peña, viven en el pozo.

No hay forma en que puedas operar como águila espiritual y vivir al nivel de la mediocridad. Tú perteneces al nivel de la excelencia; ese es tu símbolo. Empéñate en ponerle el sello de la excelencia a todo lo que hagas. Escapade la mediocridad ahora mismo.

Características de una persona que vive en excelencia

1) Le gusta que las cosas se hagan bien.

La persona que vive en excelencia tiene buen gusto y altas expectativas. No pacta con el desorden, la improvisación ni con lo sucio, pues no es chapucera. Se esfuerza al máximo una y otra vez hasta que su trabajo quede como se le pidió o aún mejor. Hace todo como para Cristo (Colosenses 3:23).

2) Se prepara bien.

La persona que vive en excelencia es sumamente organizada, planifica y no pasa por alto los detalles. Es una buena administradora de su tiempo y sus recursos.

3) Paga el precio para alcanzar lo excelente.

La persona que vive en excelencia sabe que esto demanda esfuerzo y dinero. Entiende que la excelencia no se logra rápida o fácilmente. No le pesa hacer ese esfuerzo. Tampoco teme a la crítica de los mediocres que le difamen diciéndole: "perfeccionista, busca reconocimientos, el que se cree que lo sabe hacer mejor". Sabe que es águila y que las "gallinitas" no entienden el nivel de la excelencia. Por lo tanto, paga el precio como águila y no le teme al rechazo o a la falta de compañía, porque sabe que es mejor estar sola, que mal acompañada.

4) Es responsable.

La persona que vive en excelencia cumple lo que promete. Hace esfuerzos admirables para terminar o completar lo que comprometió. No obstante, se excusa cuando situaciones mayores le impiden cumplir lo que de ella se espera. Es una persona que cumple con sus funciones en cada etapa de la vida, rinde cuentas y es confiable.

5) Tiene una actitud positiva, entusiasta y correcta.

La persona que vive en excelencia sabe que la excelencia está ligada a la actitud. Con una actitud negativa no podrá volar a la excelencia. La primera evidencia que otros ven en ella es su actitud positiva. entusiasta y correcta. Su actitud es todo lo opuesto al negativismo, la depresión, el desgano y la indiferencia.

6) Conoce el protocolo y fluye con el mismo.

La persona que vive en excelencia reconoce los ambientes; sabe que no todos son iguales y se adapta a ellos. Entiende la diferencia entre la sala de su casa, el parque, la sala de un juez y la oficina de su jefe. Habla adecuadamente, no de más ni de menos. Cuida sus palabras; no habla chabacanamente, no habla necedades y pone guarda a su boca. Reconoce las personas de autoridad y las honra. No tiene problemas con seguir reglas y órdenes. Viste adecuadamente según la ocasión, exhibiendo buen gusto y decoro. Es prudente.

7) Es disciplinada.

La persona que vive en excelencia tiene buenos hábitos. Sabe que una persona es lo que practica día a día. También sabe que la excelencia exige disciplina, esfuerzo y compromiso diario. Por eso se esfuerza en cultivar buenos hábitos y costumbres. Es una persona consistente en lo que emprende; termina las cosas que empieza. No depende de sus sentimientos, emociones o de su estado anímico para cumplir con sus planes. Es una persona decidida a realizar su agenda, aunque las circunstancias no sean favorables. No depende de la opinión y presencia de personas para alcanzar sus metas. Se apoya en el poder de la disciplina el cual le pule, le capacita y libera de ella lo mejor.

8) Tiene una disposición continua de superarse.
La persona que vive en excelencia entiende que la excelencia exige aprender y superarse cada día. Por eso vive con una disposición de crecer, aprender y superarse. Se levanta cada día alerta para poder aprender nuevas cosas y mejorar las cosas que ya está haciendo. No depende de estar en un salón de clases para abrir su mente y su espíritu para aprender. Aun en su espíritu está alerta para lo que el Espíritu de Dios le quiere revelar, enseñar, corregir, etc. No cree que lo sepa todo. Tiene espíritu enseñable. Incorpora ideas, principios y consejos positivos. Esta persona es una buena lectora y asiste a eventos de crecimiento. No se duerme en los laureles (no se confía en los triunfos alcanzados). Gusta de estar con gente de la cumbre que sabe más que ella. Sabe que hay algo más adelante. Entiende que todavía hay potencial en ella que no ha sido manifestado. Quiere más y busca más.

Cuando dices "como águila seré", estás diciendo: "renuncio a la mediocridad; salgo del nivel del promedio; suelto el espíritu de conformismo y me muevo al nivel de la excelencia". De ahora en adelante en todo lo que hagas y emprendas, tu trabajo tendrá un nuevo sello: el sello de la excelencia. Ahora mismo es liberado en ti ese espíritu de superación, crecimiento, perfección, madurez y calidad. Ya no estarás contento con solo hacer las cosas que te pidan, sino que tendrás como meta hacerlas bien. No estarás enfocado solo en producción, sino en calidad. Cualquiera puede hacer muchas cosas, pero solo unos pocos pueden hacerlas bien.

Ya no te molestará que te corrijan o te llamen la atención cuando algo no quedó bien, porque el primer exigente respecto a tu vida y lo que haces eres tú mismo. No tendrás problemas en aprender de otros, de invertir tiempo en estudiar y practicar. Aunque muchas veces hayas hecho un gran esfuerzo o sacrificio, tú mismo no lo verás así, porque tu deseo de vivir en excelencia compensa todo lo anterior y dices: "bien vale la pena". Te felicito por asumir esa actitud de excelencia ante la vida. Te felicito por batir tus alas de águila, salir del callejón de la mediocridad e ir a las alturas en pos de la excelencia. Di conmigo: **"como águila seré"**.

Preguntas del Capítulo 4

1) ¿Cuál es la 4ᵗᵃ característica del águila presentada en este libro?

_____

_____

2) ¿En qué cosas, el águila nos deja saber el nivel de excelencia en que vive?

_____

_____

3) El escritor nos dice que Dios espera que caminemos en excelencia. ¿En qué se basa él para esta afirmación? Cita la base bíblica y explica.

_____

_____

4) ¿Qué es lo opuesto a la excelencia?

_____

_____

5) Define el término mediocridad o promedio.

_____

_____

6) ¿Cuál es el resultado de vivir en mediocridad?

_____

_____

7) ¿Por qué el escritor asocia la mediocridad con un espíritu o una actitud?

_____

_____

8) Explica estos pensamientos:

Lo bueno es el enemigo número uno de lo excelente.

_____

_____

El desierto es mejor que Egipto.

_____

_____

9) ¿Cómo te describes a ti mismo: una persona mediocre o una persona excelente? ¿Qué cosas lo indican?

_____

_____

10) ¿Será posible que en algunas áreas estemos en un nivel de excelencia y en otras áreas en niveles de mediocridad?

_____

_____

11) Lee las 8 características de una persona que vive excelencia: examina cuáles de ellas ya son parte de cuáles están en proceso y cuáles no lo son. ¿Qué piense hacer con las últimas?

_____

_____

12) ¿Cuál de esas características te impactó más? ¿Por qué?

_____

_____

13) Cuando dices "como águila seré; ¿estás diciendo que vivirás al nivel de excelencia? ¿Estás comprometido a vivir en ese nivel? ¿Estás comprometido a hacer los ajustes o cambios necesarios? ¿Estás dispuesto a pagar el precio, a hacer de esas 8 características parte de tu perfil?

_____

_____

Lee y declara el texto tema (Filipenses 1:6). Dios está interesado en llevarte a nuevos niveles de excelencia, Tu deber es fluir con esa meta.

CAPÍTULO 5

LA *renovación* DEL ÁGUILA

"De modo que me rejuvenece como el águila»
Salmo 103:5

Las exigencias de la vida, sus responsabilidades, las obligaciones, las demandas, los retos, los obstáculos, el ataque de los enemigos y los imprevistos que a lo largo de la vida experimentamos, tienen el efecto de minar y reducir nuestras fuerzas. Las continuas presiones de la vida causan una erosión en nuestras fuerzas físicas, emocionales y espirituales. A este efecto le llamo cansancio existencial.

Demandas de la vida

Como parte integral de la vida tenemos que enfrentar enfermedades, el reto de criar nuestros hijos, las dinámicas del matrimonio o del divorcio, la pérdida de seres queridos, la presión en los trabajos, la demanda económica para suplir las necesidades básicas, la maldad de la gente, los enemigos gratuitos, el clima, los gobiernos, etc. Todo esto causa una gran carga emocional que va produciendo a su vez en nosotros un desgaste, un desfallecer, una debilidad que nos lleva a pensar en la opción de rendirnos y dejar de luchar.

A esto se añade la acción del enemigo espiritual que busca, precisamente, agotarnos y debilitarnos. Su plan es que no demos ni un paso más y nos rindamos. Todos hemos acariciado, en algún momento de nuestras vidas, el pensamiento de rendirnos y decir: "esto es mucho, no puedo más, que pase lo que pase". Lamentablemente, es en este momento donde muchos atentan contra sus vidas.

¿Sabía usted que el Señor conocía que íbamos a experimentar este tipo de situación y que íbamos a pensar seriamente en rendirnos? Es por eso por lo que declaró que sus hijos serían como águilas. El águila no solo tiene alas poderosas y visión extraordinaria, sino que también Dios la dotó con la capacidad de renovarse varias veces a lo largo de su vida. Ten cuidado de llegar a conclusiones precipitadas cuando veas un águila con plumas viejas, pico torcido, cansada y ajada. No asumas que llegó a su final y que le espera la muerte. Error: antes que llegue a su final, el águila podrá renovar su plumaje, sus garras y su pico. Podrá rejuvenecerse y volver a sus alturas.

Ante el cansancio existencial la respuesta es RENOVACIÓN. Es la única salida ante el cansancio existencial. Nos renovamos o desfallecemos a mitad del camino y morimos antes de tiempo.

Definiendo la Renovación de Dios

La renovación es la respuesta de Dios ante el cansancio y la fatiga de la vida. En la renovación él nos da nuevas fuerzas físicas y espirituales para que no nos quedemos a mitad del camino, sino que podamos seguir vigorizados, y así completar lo que se nos encargó para tener victoria.

Este capítulo está dedicado a aquellos, que a pesar de todas las luchas que han tenido que enfrentar y de su debilidad, están empeñados e interesados en seguir adelante y tener victoria. Le estoy hablando a los que no se van a rendir.

El proceso de renovación del águila

El águila, cuando ve que sus plumas se han envejecido, que su pico se comienza a torcer y que está perdiendo su agilidad, su fuerza y su efectividad, se retira a una cueva alta y segura. Allí comienza a arrancarse pluma por pluma y luego azota su pico contra la roca hasta deshacerse de él. Entonces espera pacientemente por las plumas y el pico nuevo. Pasado el tiempo, retorna a su espacio surcando los aires con mayor majestad que antes; extendiendo sus nuevas alas y remontándose a sus alturas.

Cuando dices: "como águila seré", estás diciendo: "soy una persona renovada". Estás aplicando la revelación que tuvo el rey David. Él entendió que Dios lo rejuvenecía como el águila. David no solo tenía revelación del perdón, la sanidad, la liberación y la provisión de Dios, sino que también Dios podía tomar su cansancio existencial, su debilidad y su vejez, y darle nuevas fuerzas como el águila.

Al igual que David, muchos saben que Dios salva, sana, libera y provee, pero no saben que también tiene el poder de rejuvenecerlos como el águila. Es común oír oraciones pidiendo salvación, salud, liberación y provisión, pero muy pocas diciendo de manera precisa:

"Dios rejuvenéceme como el águila, Dios, activo tu poder en mi vida para renovarme como el águila". En cambio, vemos muchos cristianos, al estar bajo las demandas de la vida, los ataques del enemigo, rendirse y decir: "no voy más, no puedo más, hasta aquí llegue", y peor aun, abandonar la fe.

Renovación, conforme a Isaías, es el poder de Dios que viene sobre nosotros, dándonos nuevo plumaje y pico, dándonos nuevas fuerzas de manera que podamos levantar alas y remontarnos a las alturas. Es el poder sobrenatural de Dios que viene sobre nosotros y nos hace volver a correr sin cansarnos y nos hace volver a caminar sin fatigarnos.

"Pero los que esperan a Jehová tendrán nuevas fuerzas; levantarán alas como las águilas; correrán, y no se cansarán; caminarán, y no se fatigarán".
Isaías 40:31

Dios tiene expectativas contigo. Él espera que, como David, sepas pedirle tu renovación. Como águila que eres, no se supone que te rindas ni te mueras aun. Se supone que entres en tu proceso de renovación. La voluntad de Dios no es que desfallezcas ni te rindas, sino que recibas nuevas fuerzas y levantes alas. La voluntad de Dios es que sorprendas al enemigo, quien cree que ya te doblegó por lo que piensas que llegaste al final de tus fuerzas. Renuévate y sal de nuevo a la acción. Elévate, corre y camina sin fatigarte.

Sorprende a los que te creían muerto y llamaron a la funeraria. Vuelve a surcar los aires, pero con mayor esplendor y poder. Para eso eres un águila. Dios te está diciendo que no se han terminado tus opciones. Ciertamente te puedes rendir y morir ahora, pero también puedes renovarte y salir a tus alturas como águila. Es tu decisión.

Tres elementos vitales para recibir renovación

1) La renovación implica discernimiento.

El águila sabe cuándo se está debilitando. Puede ver cuando sus plumas están viejas y su pico se está doblando. Él puede discernir cuando su vuelo pierde altura y eficacia. Puede notar cuando le es más trabajoso levantar vuelo. Nadie le indica cuándo está envejeciendo. Él no espera por una convención de aves para que evalúen su condición, ni busca la opinión de las demás aves sobre su condición. El águila lo sabe, lo discierne. Simplemente no pasa por alto estos indicadores, sino que los toma en serio y comienza a buscar un lugar apropiado para retirarse y entrar en el proceso de renovación.

Sin discernimiento espiritual no podrás saber cuándo es el tiempo de renovarte. Es un peligro no percibir o ignorar las señales que el Espíritu Santo te envía. Sus señales son una alerta para que sepas que te estás debilitando en ciertas áreas.

Los autos modernos cuentan con un sistema computadorizado que automáticamente le informa al conductor cuándo es el tiempo para llevar el auto a la revisión de mantenimiento cada cierta cantidad de millas. El sistema avisa a tiempo, no cuando ya hay daño, sino antes que ocurra el mismo. La única responsabilidad de ese sistema es vigilar las millas corridas para indicarle al conductor el tiempo de renovarle ciertas piezas, aceites y fluidos al auto, a fin de mantenerlo en óptimas condiciones. Las águilas tienen su propio sistema de ser informadas. Nosotros también lo tenemos, pero muchos no hemos aprendido a usar el don de discernimiento: esa capacidad dada por Dios para saber cuándo hay que detenerse, descansar y renovarse. Usa tu discernimiento.

2) La renovación es una decisión tuya.

Una vez el águila discierne que sus plumas están viejas, el próximo paso que da es buscar esa cueva segur donde se retirará a renovarse. Nadie la obliga a ir a cueva; es su decisión. Ella no depende de las demás águilas. Su decisión no depende de la moda o si las otras águilas están renovando o no. Es posible que otras águilas estén surcando los aires, pero ella escoge retirarse a la cueva en soledad. **La renovación no es un asunto de moda o de sentimientos. Es un asunto personal de vida o muerte; es tu decisión.** No todas las personas están viviendo la misma temporada a la vez. Tu renovación no puede esperar por nadie, es tu decisión.

Hay muchas águilas espirituales que saben que están ajadas y cansadas, pero aun así posponen su visita a la cueva. El problema de esas águilas no es un asunto de información, sino de decisión. Hay cosas que podemos posponer y las consecuencias son mínimas, pero hay otras, que posponerlas puede tener un efecto adverso e irreversible. La renovación cae en la segunda categoría. No pospongas ni dilates tu renovación.

Hay gente que hoy mismo, ahora mismo, debe entrar en ese proceso de renovación. Hoy mismo debe comenzar a soltar esas cargas emocionales negativas y todo peso innecesario. Sin renovarte seguirás siendo águila, pero cada día menos efectiva, sin fuerzas, sin vigor, y que morirás antes de tiempo sin finalizar el llamado supremo de tu vida.

3) La renovación exige soltar lo viejo y recibir lo nuevo.

Una vez el águila ha entrado en su cueva, el próximo paso

es quitarse cada pluma vieja. Ella misma las arranca, una a una independientemente del dolor que le cause. Luego hace lo mismo con su pico, estrellándolo contra la roca, hasta deshacerse del mismo. El águila se despoja de lo viejo, para hacerle espacio a lo nuevo. El águila se desviste para que Dios la vista. La renovación no es la unión o sincretismo de lo viejo con algo nuevo. El águila sabe que sus plumas viejas ya cumplieron su función. Si las deja, serán un obstáculo a las plumas nuevas.

No puedes renovarte y a la vez seguir apegado a lo viejo, a lo dañado, a lo inservible, a lo que te atrasa y te impide avanzar y funcionar en excelencia. Hay gente que se mete en la cueva, pero no quiere soltar ni una pluma vieja. Lo viejo no deja que lo nuevo aflore. ¿Sabes qué pasa si el águila no se arranca las plumas viejas? Las plumas nuevas saldrán como quiera, pero al unirse a todas las plumas viejas, el águila adquiere un sobrepeso que no le permite volar y termina como una "gallinita". ¡Suelta lo viejo y lo dañado!

- Suelta las plumas viejas: esas amistades que te atrasan y te contaminan.
- Suelta las plumas viejas: esos ambientes negativos donde acostumbras a ir.
- Suelta las plumas viejas: esos hábitos negativos que sigues haciendo diariamente.
- Suelta esas plumas viejas: ese hablar negativo, corrupto, de palabras que no edifican y te maldicen.
- Suelta esas plumas viejas: las cosas negativas que el diablo susurra a tu oído. Deja de oír la misma basura. Como alguien dijo: "tus oídos no son el basurero del diablo".

Tus plumas nuevas están esperando que te arranques las viejas. Dios quiere darte un nuevo vestido, pero está esperando que te despojes del viejo. No te mueras, no te rindas, no desfallezcas a mitad de camino. Dios te hizo águila; tienes la capacidad de renovarte. Esta promesa es tuya: "Los que esperan en Jehová tendrán nuevas fuerzas y levantarán alas como el águila, correrán y no se cansarán, caminarán y no se fatigarán". Sorprende a tus enemigos y a la misma vida, ¡**renuévate!** **Di conmigo: "como águila seré".**

Preguntas del Capítulo 5

1) Según el escritor ¿cuál es el efecto de las continuas demandas y presiones de la vida en el ser humano?

_____

_____

2) Define cansancio existencial.

_____

_____

3) Menciona algunas de esas demandas y presiones de la vida.

_____

_____

4) ¿Cuál es la 5ta característica del águila presentada en este libro? Explica en qué consiste.

_____

_____

5) ¿Cuál es la respuesta de Dios ante el cansancio existencial?

_____

_____

6) ¿Cómo el escritor define la renovación de Dios?

_____

_____

7) Explica la revelación que tuvo David en el Salmo 103:1-5, ¿Qué implicaciones tiene para tu vida?

_____

_____

8) Define la renovación de Dios conforme a Isaías 40:31.

_____

_____

9) ¿Por qué, aunque experimentes presiones, adversidades y embates del enemigo, no tienes que desmayar, rendirte desanimarte o morirte?

_____

_____

10) Menciona los tres elementos vitales del proceso de la renovación.

_____

_____

11) ¿Qué entiendes por discernimiento? ¿Qué importancia tiene en el proceso de restauración?

12) ¿Quién es la persona responsable, en primer lugar, de tu renovación? ¿Por qué tu decisión es tan importante en el proceso de renovación? ¿Cuál es el peligro de posponer este proceso? ¿Por qué tu renovación no puede depender de la opinión de otros?

_____

_____

13) Explica por qué la renovación exige renunciar a lo viejo. Explica qué pasaría si el águila no se arranca las plumas viejas.

_____

_____

14) El escritor menciona algunas de las plumas viejas que hay que soltar, si quieres la renovación. ¿Qué opinas? ¿Puedes identificar otras plumas viejas?

_____

_____

Lee el texto clave de este capítulo (Salmo: 103: 5). Declara que no te rendirás ni claudicarás, no importando las adversidades y presiones, porque Jehová te dará nuevas fuerzas como el águila.

CAPÍTULO 6

LA *dieta* DEL ÁGUILA

"Desead, como niños recién nacidos, la leche espiritual no adulterada,
para que por ella crezcáis para salvación"
1ra Pedro 2:2

En este capítulo hablaremos sobre la dieta o régimen alimenticio del águila, Alguien dirá: ¿Qué tiene que ver lo que come el águila con mi fe y mi vida? Queramos o no, hay una relación directa entre lo que comemos y nuestro bienestar. Estoy de acuerdo con la persona que dijo: "somos lo que comemos". Esto es válido tanto en el plano físico como espiritual. Cuando Dios dijo que sus hijos eran como águilas, estaba enseñando que también éramos como águilas en el área de la comida.

La habilidad del águila de poder desarrollar su máximo potencial, de tener esas alas poderosas, de poder remontarse a las alturas y de vivir extensamente, está íntimamente ligada a su dieta.

El águila tiene cuidado de lo que come. Ella sabe que comida de mala calidad es un veneno que enfermará su cuerpo. El que está enfermo y débil no puede avanzar y de tus sueños y visiones están conectados a lo que comes. **Tu alimentación espiritual determinará tu vitalidad, tu energía y tus fuerzas para remontarte a las alturas y tener calidad y extensión de vida.**

La dieta del águila

La dieta del águila es estricta. Ellas son muy selectivas en lo que comen. No comen lo primero que aparezca. El águila busca su presa diligentemente desde las alturas. El águila solo come presas vivas; nunca come cosas muertas. Detesta el olor a comida descompuesta. El águila es todo lo opuesto al buitre. Esta ave de rapiña nunca mata a su propia presa. Es muy perezosa para ponerse a buscar y cazar presas. El buitre prefiere que el león, el oso y otros depredadores trabajen cazando la presa y luego baja a comer las sobras.

El buitre se conforma con las sobras. A diferencia del águila, su dieta es sin restricciones. Come lo que sea, en especial carne muerta y descompuesta. Come en exceso hasta que se intoxica, de tal manera que muchas veces no puede volar y termina siendo una presa fácil para otros animales.

¿A quién te pareces más, al buitre o al águila? El águila nunca come cosas muertas. Lamentablemente hay águilas que tienen dieta de buitres. Comen cosas muertas. **Hay una gran diferencia entre comer cosas vivas y casas muertas. Los resultados son bien diferentes.** El apóstol Pablo les escribió a las águilas espirituales de la iglesia de Roma, que el ocuparse de la carne produce muerte, pero ocuparse de las cosas del Espíritu produce vida y paz.

"Porque el ocuparse de la carne produce muerte, pero el ocuparse del Espíritu es vida y paz."

Romanos 8:6

Cuando nos ocupamos de las cosas de la carne estamos comiendo cosas muertas. El resultado será muerte, o sea, deterioro, enfermedad, limitación y atraso. **El cristiano intoxicado o el águila con dieta de buitre es fácil de reconocer.** Simplemente escúchale hablar y examina lo que dice. Casi siempre tiene un hablar vano, superficial, carnal, sin sentido y contencioso. Lo que habla es el producto de lo que ve, de lo que oye y de dónde pasa su tiempo.

Ten cuidado con tu dieta. Examina lo que ves en TV, videos y redes sociales. Evalúa tus amistades y los lugares donde vas el resto de la semana. El cristiano con dieta de buitre siempre está espiritualmente débil, enfermo y vulnerable. Está detenido, acostado, dependiente, pisa y no arranca, no progresa en su vida espiritual, siempre vive por debajo de su potencial. Como su régimen alimenticio se compone de las cosas de la carne, entonces el resultado es muerte.

La Palabra de Dios y su impacto en nosotros

El águila espiritual con dieta de águila, solo come cosas vivas, comenzando con la Palabra de Dios. Este es el ingrediente principal de la dieta del águila espiritual. El águila espiritual sabe que no solo de pan físico vivirá el ser humano, sino de toda palabra que sale de la boca de Dios (San Mateo 4:4). El escritor del libro de Hebreos declaró que la Palabra de Dios es viva y eficaz; es poderosa y produce vida, Pedro les escribió a las iglesias de la diáspora indicándole la necesidad de tener la Palabra de Dios en su dieta espiritual. Dice que esa Palabra es como leche espiritual no adulterada, la cual produce crecimiento en su salvación (1ra Pedro 2:2).

Pedro no sólo estaba interesado en que las vidas alcanzaran la salvación, sino en que crecieran en la salvación, es decir, en su relación íntima con Dios y el propósito de Dios para ellos. Solo el pan de vida y la leche espiritual que es la Palabra, producirá vida y crecimiento espiritual. Crecimiento implica desarrollo y es señal de salud. Significa que la persona está alcanzando su potencial y está puliendo sus habilidades y capacidades. Esto no es asunto de sobrevivir solamente, sino de crecer, madurar y desarrollarse en todas las áreas, o sea, integralmente. Muchos están salvos, pero raquíticos y débiles, porque no desean la leche espiritual. Se preocupan más por el pan físico que el espiritual en su dieta diaria. Sólo podrás crecer como águila espiritual si tu dieta es la correcta.

En Proverbios 3:1-2, Dios mismo aconseja a sus hijos espirituales que no se olviden de su ley, de sus mandamientos y de sus preceptos, para guardarlos en sus corazones. Esto significa que coman la Palabra de Dios, que ésta sea su dieta. Entonces verán el resultado de comer cosas vivas: "porque largura de días y años de vida y paz te aumentarán". ¡Aleluya!

"Hijo mío, no te olvides de mi ley, y tu corazón guarde mis mandamientos: porque largura de días y años de vida y paz te aumentarán."
Proverbios 3:1-2

En el capítulo 4:20-22 repite el consejo a sus hijos. Les pide que estén atentos a sus palabras, que inclinen sus oídos, que sus ojos no se aparten de sus palabras, que las atesoren en sus corazones. Entonces les dice el resultado de comer cosas vivas: "porque son vida a los que la hallan y medicina a todo su cuerpo". ¡Aleluya!

"Hijo mío, está atento a mis palabras; inclina tu oído a mis razones. No se aparten de tus ojos; guárdalas en medio de tu corazón; porque son vida a los que las hallan, y medicina a todo su cuerpo."

Proverbios 4:20-22

Pon atención a los resultados de tener una dieta espiritual que se componga de comer la Palabra de Dios y las cosas del Espíritu. Producirá vida, paz, largura de días y años de vida, y serán como medicina a todo el cuerpo. No es lo mismo vida que muerte. La Palabra producirá paz; esto es Shalom. Shalom es sinónimo de prosperidad o el bienestar integral de una persona; sea físico, material, económico o espiritual.

La dieta producirá extensión y calidad de vida. No es lo mismo vivir 100 años recibiendo todos los palos del diablo, viviendo en el pozo o en el lodo cenagoso, que vivir 100 años en paz, en Shalom, prosperidad, con bendición. **La promesa es extensión de vida y calidad de vida.**

La Palabra es como medicina. Esto es que combate las enfermedades, virus espirituales e infecciones, aún de manera preventiva. La meta de la medicina es provocar salud y vigor para vivir en un estado óptimo. Hay una gran diferencia entre comer cosas muertas y comer cosas vivas.

Ahora mismo hay águilas espirituales que renuncian a su dieta de buitre. Veo águilas que ejecutan un cambio en su dieta espiritual y vacían su refrigerador espiritual de cosas muertas por las cosas del Espíritu. Hay águilas que comienzan un proceso de desintoxicación espiritual ahora mismo.

Pereza versus diligencia

Cuando El pastor Moya trata sobre el tema de la dieta del águila y la del buitre, en su libro Destinados para las alturas, dice que la diferencia tiene que ver con la naturaleza de ambas aves. El buitre es súper perezoso, mientras que el águila es diligente y esforzada. Luego pasa a demostrar la diferencia que hay entre una persona perezosa y una diligente usando las escrituras. Definitivamente la razón por la cual el buitre sacrifica la calidad de lo que come es porque es perezoso y no quiere trabajar por su comida. Tranza entonces por las sobras. El águila, por su lado, como sabe la importancia de comer bien y su potencial, se esfuerza diligentemente en buscar comida de calidad. El espíritu de pereza limita al buitre, el espíritu diligente impulsa al águila a su potencial. **Cuando dices "como águila seré", estás diciendo que eres una persona diligente, esforzada y trabajadora.**

Hay muchas águilas espirituales perezosas y vagas. Por tal razón, aunque son águilas, están aún sumidas en pobreza y miseria. La Palabra de Dios es clara al establecer la diferencia entre los resultados de tener un espíritu perezoso o un espíritu diligente. A los perezosos, aquellos como los buitres, se les escapará el éxito y el progreso. A los diligentes les espera la prosperidad y la bendición.

La mano negligente empobrece; mas la mano de los diligentes enriquece".
Proverbios 10:4

"La mano de los diligentes señoreará; mas la negligencia será tributaria".
Proverbios 12:24

"El alma del perezoso desea, y nada alcanza; mas el alma de los diligentes será prosperada".

Proverbios 13:4

¿Ves los resultados? Pobreza versus riquezas, señorío versus sujeción, esterilidad versus prosperidad. El espíritu de buitre es maldición. Tener el espíritu de pereza produce muerte y pobreza, atraso y limitación. ¡Fuera todo espíritu de buitre! Dios te creó en Cristo Jesús como un águila para que señorees y prosperes. Esfuérzate y sé diligente.

Tenemos que reprender ese espíritu de buitre que ataca a las águilas de Dios. Muchos de nosotros, como el buitre, queremos las cosas fáciles, dadas, gratis. Corremos tras las cosas que podemos obtener sin esfuerzo, pero a costa de la calidad, a costa de tener que comer sobras y cosas descompuestas.

El águila no vive de otros. El águila no mendiga su pan ni codicia las sobras. Él prefiere trabajar y esforzarse para comer bien y vivir bien. Parte de la razón por la cual mucho pueblo hispano en los Estados Unidos aun permanece en la miseria es esa mentalidad de buitre. Tenemos que erradicar ese espíritu de dependencia, ese espíritu de vivir del cuento, de mentalidad de "pulguero", de especiales de última hora, de hacernos víctimas para que nos den limosna. Tenemos que dejar de hacernos los enfermos para que nos den unas migajas y así no trabajar. ¡Fuera ese espíritu vividor, de mediocridad, de pereza, de mal gusto, de conformismo!

Hermano águila, ¡supérate, trabaja, esfuérzate, ten sueños y trabaja a favor de ellos! Tú eres un águila y no un buitre. Vida y paz, largura de días y años están destinadas para ti. Como el águila, mantente sano, vigoroso, fuerte y vigila tu dieta. Si estás de acuerdo con la dieta del águila, di conmigo entonces, **"como águila seré"**.

73

Preguntas del Capítulo 6

1) ¿En qué manera la dieta del águila hace que ésta pueda funcionar en todo su potencial? ¿Cuál es la relación?

_____

_____

2) ¿Estás de acuerdo con la frase "somos lo que comemos"? Explica.

_____

_____

3) Compara la dieta del águila con la del buitre.

_____

_____

4) Describe al cristiano buitre (intoxicado) y los resultados de su dieta en su vida de fe.

_____

_____

5) ¿Cuál es el alimento principal en la dieta de las águilas espirituales?

_____

_____

6) ¿Cuál es el resultado de la dieta de la Palabra de Dios en las águilas espirituales? Da la base bíblica y explica.

_____

_____

7) El buitre come sobras y cosas muertas debido a su pereza, mientras que el águila come alimentos de calidad porque es diligente. Explica lo que la Palabra dice sobre los resultados en la vida del perezoso versus el diligente.

_____

_____

8) Cuando revisas tu dieta espiritual, ¿a quién te pareces más: al águila o al buitre? Evalúa tu calidad de vida. ¿Qué piensas hacer si tienes la dieta del águila, pero muy a menudo comes como buitre?

_____

_____

9) ¿Cómo te describes? Soy una persona perezosa, indigente y vaga. Soy una persona diligente y esforzada. ¿Qué quieres que se manifieste en tu vida? Riquezas, señorío y prosperidad Pobreza, deudas y escasez.

_____

_____

10) El escritor declara que el espíritu del buitre es aquel que quiere todo gratis, sin costo, en baratillo, sin esforzarse y sin trabajar. ¿Cómo compara él este espíritu con la mentalidad de muchos hispanos en los Estados Unidos? ¿Qué opinas?

_____

_____

Lee y declara el texto clave del capítulo (1ra Pedro 2:2). Revisa tu dieta espiritual y establece un plan de acción para comer la Palabra de Dios y para guardarla en tu corazón. Decide ser una persona diligente y esforzada, porque como águila serás.

CAPÍTULO 7

LOS *aguiluchos* DEL ÁGUILA

"Como el águila que excita su nidada, revolotea sobre sus pollos,
extiende sus alas, los toma, los lleva sobre sus plumas."
Deuteronomio 32:11

Una de las responsabilidades de papá y mamá águila es la cría de sus polluelos o aguiluchos. Ellos están llamados a reproducirse, de manera que cuando mueran no termine la generación de águilas. **Papá y mamá águila tienen la responsabilidad de levantar una nueva generación de águilas que pueda remontarse a las alturas.** Ellos tienen la responsabilidad, como padres, de enseñarle a sus crías los secretos de las águilas. Esa es una gran responsabilidad, pues solamente águilas pueden enseñar a bebés águilas a volar.

A todos los padres y las madres de hoy se les ha encargado levantar la próxima generación de águilas que surcarán las alturas. Se les ha encargado levantar una nueva generación de excelencia.

Las águilas como padre y madre

Papá y mamá águila tienen que dedicar gran parte de su tiempo a sus nuevas crías. Ahora tienen que alimentarlos, protegerlos, enseñarles a comer, a caminar, a volar, a usar sus garras, a hacer el nido, a identificar a sus enemigos, a pelear, a cazar, etc.

Ciertamente la vida de la pareja águila ha cambiado debido a sus crías. Algunas parejas, cuando tienen sus hijos, quieren seguir viviendo como si no los tuvieran. Pasado un tiempo, les molestan, porque ahora están limitados. No pueden hacer cosas que antes podían hacer. El resultado es una pobre calidad de crianza donde los hijos no reciben todo el amor, la atención y el cuidado de calidad que necesitan. Esto crea otras situaciones, pues muchos padres delegan su tarea a cualquier otra persona, con tal de poder estar libres para seguir haciendo vida de solteros.

¡Entiende esto padre y madre! Tener hijos y criarlos es una gran responsabilidad que no debe ser asumida con liviandad o como un "hobby". Si no estás dispuesto a dar lo mejor de ti todo el tiempo necesario, por favor no entres al sagrado llamado de ser padre o madre.

La vida de la pareja águila cambia desde el momento en que mamá águila pone sus huevos en el nido. Ahora, por los próximos 50 días, estos huevos necesitan ser incubados, y cuidados para que puedan sobrevivir. En esta tarea no sólo participa mamá águila, sino también papá águila. Este es otro gran mensaje que nos envía la pareja águilas a los padres de hoy. La tarea de criar hijos es una mutua, donde ambos primogenitores deben participar activamente. Muchos papás águilas creen que el asunto de cambiar pañales, dar el biberón, llevar al bebé al pediatra, cargarlo, bañarlo, dormirlo, alimentarlo, leerle cuentos y hasta hacer el bulto con todas las cosas que necesita un bebé es asunto solo de "mamá águila". Ellos piensan que su tarea es proveer el alimento y el techo solamente. Sin embargo, la tarea de criar a los hijos en todos los aspectos es una tarea compartida. El cuidado, la atención, el amor, la ternura y hasta el sacrificio por los hijos no tienen sexo. Algunos papás águilas se han dejado influenciar por la cultura machista de este tiempo y creen que sus funciones no incluyen compartir la educación de sus hijos. La pareja de águilas te está enseñando que levantar una nueva generación es trabajo de ambos. Ellas te están mostrando que esa tarea es parte de los planes de Dios para papá y mamá águila. Por lo tanto, pon a un lado toda influencia que limita la crianza compartida, y a trabajar juntos ¡Fuera el machismo!

Papá y mamá águila, **a su tiempo**, obligan a sus polluelos a salir del nido. Primero, cuando los aguiluchos crecen, papá y mamá águila comienzan a dejarle la comida fuera del nido para obligarlos a salir y a usar sus garras para comer los alimentos. Luego que los sacan del nido, los enseñan a caminar, luego a saltar y finalmente a volar. **Deuteronomio 32:11** dice que: "llegado el tiempo de aprender a volar, el águila excita su nidada." O sea, el águila comienza a volar encima de sus aguiluchos para obligarlos a salir del cómodo nido. Los lleva a lanzarse a las alturas, sin nunca haber volado, sin saber cómo usar sus alas. Pero cuando caen al vacío, al momento ella desciende, extiende sus alas y los acomoda sobre ellas. Este proceso se repite una y otra vez por cerca de 65 días, o hasta que finalmente los "babies" águilas dominen sus alas y hayan perdido el temor a las alturas, Las águilas se aseguran de que sus "babies" águilas no se queden en el nido más tiempo del necesario. También se aseguran de que no abandonen el nido antes de tiempo.

Después de surcar los aires las primeras veces, pudiera dar la impresión de que el "baby" águila está listo para volar solo, pero no es así. Necesita muchos días más de práctica, aprendizaje y corrección. Sería muy tonto del aguilucho irse del nido, sólo porque revoleteó varios días por sí solo.

Para que el aguilucho pueda sobrevivir, para que obtenga su identidad de águila y para que descubra y pula sus habilidades, necesita a sus padres. Oigan esto los "babies" águilas de la casa. Un aguilucho huérfano o con padres sin compromiso, irremediablemente morirá, y el poco tiempo que viva lo hará por debajo de su potencial. Todo "baby águila" que quiera aprender a volar e ir a las alturas para ser un águila con todo su potencial desarrollado, necesita a sus padres. Para los aguiluchos, los padres no son opcionales. La calidad y el compromiso de papá y mamá águila afectarán el destino de "baby" águila.

Hay una conexión entre ambos:

- Papá y mamá águila necesitan a sus aguiluchos. Si han de perpetuar su raza, necesitan levantar una nueva generación de águilas.

- Los aguiluchos necesitan de papá y mamá águila, si han de vivir y llegar a ser águilas con todo su potencial al máximo, necesitan protección.

Padre y madre águila, cuando dices "como águila seré", estás diciendo: tengo la responsabilidad, no solo de ser águila, sino que mi próxima generación también sea de águilas. Estás diciendo que estás comprometido a dar tu mejor tiempo e invertir tus recursos, supervisarlos, animarlos, protegerlos de los enemigos, compartir tus conocimientos y experiencias hasta verlos surcar los aires.

Como padres, no podemos ceder en esta hora. No importa que nuestros aguiluchos no lo aprecien; seguiremos excitando nuestra nidada. No importa el costo, sacrificio, el tiempo, el rechazo o la crítica. La experiencia dice que es después que se casan, después que abandonan el nido y tienen sus propios "babies", que muchos lo aprecian y lo agradecen.

El enemigo de la familia águila

Los datos sobre el águila y su familia dicen que su mayor enemigo es la serpiente. La serpiente en la Biblia es el símbolo de Satanás. El enemigo número uno de la familia águila es la serpiente. El enemigo número uno de la familia humana y espiritual es la serpiente (Satán).

La serpiente puede subir hasta la alta montaña y de manera silenciosa y casi invisible puede arrastrarse hasta introducirse en el nido del águila. Se hace parte del nido, porque cambia su color por el color de los materiales del nido. Entonces escondida y quieta entre el nido, espera el momento oportuno para comerse los huevos o a los "babies" águilas. Pero la serpiente sabe que los aguiluchos no están solos. Sabe que papá y mamá águila están allí con sus garras poderosas para defender sus crías y sabe que papá o mamá águila la pueden matar. **La serpiente sabe que para atacar a los aguiluchos tiene que deshacerse, de alguna manera, de los padres.** Ella espera por un momento de descuido o vigila si ellos son irresponsables con sus crías. Entonces, toma ventaja sobre los aguiluchos.

La visión y las garras del águila

¿Sabes qué pasa con la serpiente infiltrada en el nido? El águila la detecta con su poderosa visión, y con sus afiladas garras la mata. Todavía el aguilucho no tiene la visión del águila para detectar la serpiente, tampoco tiene garras para herir a la serpiente. En cambio, sus padres sí las tienen y las usan a favor de sus aguiluchos.

No es de extrañar el ataque tan violento que está recibiendo la paternidad natural y espiritual en este tiempo. El enemigo se ha levantado contra el matrimonio, porque sabe que un matrimonio en constante crisis, en desacuerdo, en peleas, en contiendas, que se separe o que termine en divorcio, no podrá ocuparse de sus crías con eficacia. Tal matrimonio dejará de vigilar a sus crías y solo estará ocupado en defenderse y acusar a su pareja.

De igual forma, un matrimonio que esté entretenido, afanado, materializado con las cosas del mundo, buscando dinero, adquiriendo bienes, tomando el jueves y el viernes social, de discoteca, de fiesta semana tras semana, difícilmente podrá estar atento a sus crías. No tiene el tiempo ni la disposición de vigilar para usar sus garras contra los enemigos de sus hijos.

La serpiente quiere devorar a los aguiluchos: por eso sube al nido. El enemigo se opone a la nueva generación. Al enemigo le da nauseas, dolor de estómago, alta presión, coraje y ataques cardiacos, porque tú eres un águila. El enemigo se arranca los pelos, porque, a pesar de todo lo que te ha tirado y atacado, te has remontado más a las alturas y te has rejuvenecido. Por eso, ahora se levanta contra tus aguiluchos, él está harto de ti y no quiere más águilas en tu descendencia. Por eso se opone a la nueva generación y sube a tu nido. **Hay un ataque directo de la serpiente contra la nueva generación.**

Él se infiltra en el nido subiendo poco a poco, con extremo cuidado y tomando apariencia de lo bueno, de lo que ya está adentro, Lo que busca es entrar y después atacar en el momento clave.

El plan de la serpiente es lograr que cada aguilucho quede sin cobertura paternal o que tenga una cobertura de mala calidad. ¿De qué sirve un águila con visión y con garras, pero dormido o lejos del nido? Por eso nuestra sociedad está experimentando un alto número de divorcios, donde los más perjudicados son los hijos. Por eso el alto número de madres solteras, de niños huérfanos por la muerte o por el rechazo de sus padres.

Mensaje a los aguiluchos ("babies águilas")

Los niños y los jóvenes deben orar por sus padres pidiéndole a Dios que les dé sabiduría, fuerza, gracia y amor para que permanezcan juntos. En eso está su bendición, su futuro y su bienestar. No es lo mismo quedar abandonado en el nido, que tener a papá y a mamá águila presentes. No es lo mismo, no da igual. Pregúntale a la serpiente cómo lo prefiere. Tus padres son tu cobertura primaria. Van a velar para darte protección, alimentación y crecimiento. Te indicarán cuándo salir del nido. Te lanzarán a las alturas, pero estarán cerca para extender sus alas y recogerte.

¿Sabes cuál fue el error del hijo pródigo? (Lee la historia en Lucas 15:11-24). Su error no fue irse de la casa con su herencia y bienes para hacer su vida. Ese es el propósito de la crianza; que los hijos puedan abandonar el nido y realizar su vida de acuerdo con el plan de Dios. Su error fue que se adelantó al proceso. **Cosas buenas hechas fuera de tiempo se convierten en cosas malas o negativas. El** hecho de tener a su padre vivo y que él fuera el menor de los hermanos, nos indica que todavía no era el tiempo para independizarse o tomar su herencia. Él estaba muy joven y tierno para exponerse por sí solo al "mundo". El hijo menor había volado varias veces solo y ya se creía que podía pilotear un "jet jumbo". Era un aguilucho que aún carecía de visión y garras. Por tal razón, todavía tenía que estar en el nido al lado de su padre, bajo la autoridad, supervisión y capacitación de papá águila. Es obvio que no estaba preparado, pues tan pronto abandona el nido y se va lejos de papá águila cae en manos de las serpientes y escorpiones los cuales le engañan, le roban todo y le abandonan a su suerte. Él no pudo "ver" o discernir que aquellos "amigos" eran serpientes. Él no pudo defenderse de ellos, porque no sabía usar sus garras. Aquellas serpientes tuvieron la ventaja contra del hijo menor, pues él estaba lejos del nido y sin cobertura, resultando en una víctima fácil. Esta es la triste historia de miles de jóvenes de este tiempo. Tan pronto llegan a la pubertad creen que están listos para enfrentar la vida por ellos mismos. El enemigo los tienta a salir del nido antes de tiempo. Él utiliza la sociedad actual, que cada día les da más autoridad y derechos a los jóvenes y los expone a experiencias y eventos que deben venir más tarde en vida.

Yo quiero dar gracias a Dios por mis padres águilas. Porque impartieron en mí su fe, su valor, sus sueños y visiones, y me lanzaron a las alturas a su tiempo. Muchos aguiluchos tienen padres de calidad y no los aprecian. Otros son huérfanos y darían cualquier cosa para tener un padre como el que tú tienes. Aprecia a tus padres y déjaselo saber.

El plan de Dios

Dios sabe que, como aguilucho y ante la realidad de la serpiente, necesitas cobertura. Por eso ha separado padres naturales y espirituales para ti. Además, **Dios mismo se relaciona contigo como tu padre celestial.** Dios ha separado esos padres para que te impulsen a las alturas y liberen en ti tu potencial de águila.

La serpiente también tiene su plan. Ella también ha separado personas para que sean tu cobertura. Sin embargo, la tarea de estas personas es evitar que seas águila. Su agenda es robar tu bendición, castrarte, limitarte y hasta matarte, si es posible. El asunto va más allá de tener cobertura. Es sumamente importante tener la cobertura correcta, la cobertura que Dios apartó para ti, porque esa será efectiva y te llevará a tu pleno desarrollo.

Caso de Mefi-boset 2da Samuel 4: 1-4, 9: 1-8

La historia dice que este bebé príncipe, Mefi-boset, quedó lisiado cuando su nana le dejó caer mientras huía de los enemigos que ya habían matado al rey Saúl y a su padre, el príncipe Jonatán. Ella lo lleva a la ciudad de Lodebar, que significa ciudad en tinieblas, sin luz, sin Palabra, sin revelación, a la casa de un tal Maquir. Pasado el tiempo el rey David decidió cumplir la promesa que le había hecho a su íntimo amigo, el príncipe Jonatan. Él le había prometido que honraría a su descendencia y los trataría como miembros de la realeza. Cuando el rey David supo de la existencia del príncipe Mefi-boset, se dio a la tarea de buscarlo, traerlo a palacio y sentarlo a su mesa por el resto de sus días.

La historia continúa cuando David encuentra a Mefi-boset y le dice que ya no tiene que vivir en Lodebar, sino en palacio; que ya no tendrá carencia de nada; que se sentará a su mesa y será respetado como príncipe. Para sorpresa del rey David, Mefi-boset le responde:

"¿Quién es tu siervo, para que mires a un perro muerto como yo?"

2ᵈᵃ Samuel 9:8

Mefi-boset se opone a su propia bendición, a su restauración y a su bienestar. Él mismo se auto descalifica para palacio. En vez de volar como águila, vuela como "gallinita". Él tenía una autoestima sumamente baja, subterránea. No pensaba como un príncipe: estaba acomplejado y plenamente identificado con Lodebar, pero no con el palacio.

¿Por qué Mefi-boset no puede identificar su destino ni fluir con él? ¿Por qué no puede entender su llamado original de águila? La clave está en quien lo crió, quienes lo formaron y donde se crió. Él fue criado por "gallinitas". No le enseñaron que, a pesar de estar lisiado y ser huérfano, él era un príncipe. Solamente las águilas pueden enseñar a volar a los aguiluchos. Mefi-boset fue criado en la ciudad de Lodebar: lugar sin luz, sin Palabra y sin revelación. No es de extrañar que la revelación distorsionada que recibió le había identificado con un perro muerto y no con un príncipe. En Lodebar nadie sabía de la promesa que David le había hecho a Jonatán. Esta revelación hubiera cambiado la vida de este príncipe desde que era un bebé.

Definitivamente tienes que estar con gente informada, con gente que sepa de ti lo que Dios ha dicho que tú eres y lo que puedes hacer. Es un peligro vivir en Lodebar, porque allí no saben que pertenece a palacio. Es un peligro ser criado por personas que, aunque tengan buenas intenciones, te descalifiquen de la vida sólo porque estás lisiado.

Si el príncipe Jonatán hubiera criado a su hijo en el palacio, Mefi-boset jamás hubiera dicho que era un perro muerto. El hecho de haber sido sacado del ambiente de sus padres y de haber sido criado en un ambiente inferior, por personas de mentalidad inferior, afectaron, su autoestima, su visión y su entendimiento. Esto una lección poderosa para los aguiluchos. No desprecies la cobertura que Dios te da, porque no todo el mundo puede ser tu cobertura. No todo el mundo sabe que eres especial y no todos pueden ver los planes con que Dios te creó. Solo te ven en lo natural; ven tu abandono, tu soledad y tu parálisis o limitaciones. No saben que fuiste creado para palacio y para estar a la mesa del rey. No saben que fuiste creado para las alturas. No saben que eres un águila, porque aún no se ven tus alas.

Recuerda:

- La serpiente no está jugando contigo. Él no es tu amigo y no te tiene consideración. Su fin es devorarte, limitarte y destruirte (Juan 10:10).
- Tú necesitas a papá y a mamá águila. Necesitas esa supervisión, esos consejos, esos límites y ese salir del nido progresivamente. Necesitas esas alas cerca, cuando estás empezando a volar.
- El enemigo tiene planificado que te críes en Lodebar y seas formado por una cobertura deficiente. Así tendrás una mentalidad de gallinero y no de águila, y llegada tu gran oportunidad, la desprecies.
- Tú necesitas de la visión y las garras de papá y mamá águila para destruir al enemigo que te quiere devorar. No abandones el nido antes de tiempo. No hay prisa, todo tiene su tiempo.

Cuando los niños y los jóvenes dicen "como águila seré", están diciendo:

- No moriré antes de tiempo.
- No me quedaré siendo un "baby" águila huérfano y limitado.
- No me criarán otros que no conocen mi llamado y que viven en Lodebar.
- Mi destino es ser águila.
- He sido destinado a las alturas. Aprecio y valoro mi cobertura paternal: natural y espiritual.

Cuando los padres y madres dicen: "como águila seré", están diciendo:

- Asumo la responsabilidad de criar a mis aguiluchos, de preparar la nueva generación que surcará los aires.
- Estoy consciente que mi misión es convencer a mis hijos que fueron destinados a las alturas.
- Me pararé en la brecha para proteger a mis hijos del mal. Haré vallado alrededor de ellos; enfrentaré al enemigo y lo derrotaré, para que mis hijos no sean fácil víctima del él. No concebimos ni criamos nuestros hijos para el diablo, sino para Dios.

Di conmigo: **"como águila seré"**.

Preguntas del Capítulo 7

1) ¿En qué consisten las responsabilidades de papá y mamá águila? ¿Cómo las realizan? ¿En qué se relacionan con nosotros? ¿Qué lección nos dan papá y mamá águila a los padres de hoy?

_____

_____

2) ¿Cómo aprenden los aguiluchos a volar? (Deuteronomio 32:11) Aplícalo al proceso de crianza.

_____

_____

3) Explica Efesios 6:1-4. ¿Cuál es el gran peligro de delegar la crianza a otras personas e instituciones?

_____

_____

4) Completa las declaraciones del escritor y explica. Papá y mamá águila necesitan a sus aguiluchos, si _____

_____

Los aguiluchos necesitan de papá y mamá águila, si_____

_____

5) ¿Por qué debemos seguir empeñados en el crecimiento y el desarrollo de nuestros hijos, aunque a ellos no les guste ni lo aprecien?

_____

_____

6) ¿Cuál es el principal enemigo del águila?

_____

_____

Describe cómo opera el enemigo para poder llegar hasta el nido.

_____

_____

¿Qué es lo que el enemigo busca hacer en el nido del águila?

_____

_____

7) ¿Cuál es el principal enemigo de las águilas espirituales? Explica.

_____

_____

8) ¿Por qué el enemigo se ha levantado contra el matrimonio y los padres? ¿Cuál es su estrategia?

_____

_____

9) Explica el efecto sobre los hijos de un matrimonio que esté en constante pelea, discusión y desacuerdo. ¿Cuál es la importancia de la cobertura de los padres sobre sus hijos?

_____

_____

10) ¿Cuál fue el gran error del hijo prodigo (Lucas 15:11-24)?

_____

_____

11) ¿Cuál es el peligro de saltar etapas en la vida o de llevar a nuestros hijos muy rápido en esas etapas? Da ejemplos.

_____

_____

12) Explica: "No todo el mundo te puede criar, enseñar y formar: no todo el mundo puede ser tu cobertura."

_____

_____

13) ¿Cuáles fueron las causas que provocaron que el príncipe Mefi-boset tuviera una autoestima deficiente y se negara a aceptar sus derechos y privilegios de príncipe? ¿Por qué estaba conforme con vivir en Lodebar y no en palacio? ¿Qué significa esto para nuestros hijos ahora?

_____

_____

14) ¿Aprecias a tu cobertura espiritual? ¿En qué manera lo demuestras? ¿Se lo has hecho saber?

_____

_____

15) Repasa los consejos a la nueva generación y a los padres que crían la nueva generación. ¿Estás comprometido con estas conclusiones? ¿En qué manera práctica los puedes implementar en tu vida, en tu matrimonio y en tu hogar?

_____

_____

Haz una oración pidiendo al Señor que puedas cumplir con tus responsabilidades de criar a tus hijos como la nueva generación de águilas.

Si eres un aguilucho, ora a Dios pidiéndole que no te deje salir del nido antes de tiempo; que no cometas el error del hijo menor. Da gracias por tus padres, mentores y padres espirituales, en especial a Dios mismo por ser tu Padre Celestial.

Conclusión

Es mi esperanza que, al terminar este breve estudio del águila, cambios profundos hayan comenzado a operarse en ti. Que cada lectura y estudio de cada capítulo te hayan llevado a aprender y asimilar lecciones de vida. Espero que tu identidad espiritual en Cristo Jesús sea más clara y firme. Te recomiendo que leas cada capítulo más de una vez y que contestes las preguntas que aparecen al final del capítulo. Este material te será de más provecho, si puedes también conseguir los 7 mensajes predicados, por este servidor, en la Iglesia Apostólica Renovación en Springfield, MA, los cuales te ayudarán a ampliar cada punto de enseñanza. Este material puede ser enseñando en grupos pequeños, como lo hacemos nosotros en nuestros grupos hogareños llamados GRF, Grupos de Renovación Familiar. Esto permite repasar los puntos claves, aplicarlos a situaciones prácticas de la vida diaria y beneficiarse de las aportaciones de los demás integrantes del grupo.

Como parte de esta serie de enseñanzas, el hermano Carlos Eliseo, miembro de nuestra iglesia y canta-autor, compuso, a petición mía, un himno con el título Como águila seré. Este himno fue grabado por algunos solistas de nuestra iglesia y también está disponible. Entendemos que las verdades espirituales tienen que ser cantadas y anunciadas proféticamente. Este cántico debe ser escuchado y cantado antes y después de leer y estudiar cada capítulo. Hay algo poderoso que se desata cuando cantamos al Señor sus verdades. Tu boca se convierte en un poderoso instrumento de guerra y un instrumento profético.

Cuando el Señor le anunció a su pueblo que lo iba a sacar del exilio y de la cautividad para regresarlos a su tierra, le dio orden de regocijarse y de levantar una canción. No fue una canción cualquiera. Fue una canción con voces de júbilo que expresaba lo que Dios iba a hacer (ver Isaías 54). Por eso te digo que es importante que cantes este himno llamado: Como águila seré. Aunque todavía estés en el proceso de cambios y de transformación, ya le creíste a Dios y no tienes temor en anunciarlo públicamente, tanto a las tormentas o montañas de turno como a las serpientes que rodean tu nido. Cantarás y dirás: "**como águila seré**".

Muchos de ustedes tienen mucho trabajo por delante. Algunos están aprendiendo a volar, a conocer sus poderosas alas. Otros están usando sus alas para ir por encima de la tormenta que hasta ayer los tenía dominados. Ahora están aprendiendo a usar esos mismos vientos a su favor. Otros están de mudanza. Están cargando las cosas más valiosas para ir a la peña, y están abandonando el valle de sombras. Algunos están haciendo turno en la oficina del oculista, porque necesitan colirio para recobrar su visión de águila y ver lo que todavía no pueden ver. Otros están soltando todo aquello que los ligaba a la mediocridad, a las cosas buenas, para ir sólo en pos de lo excelente. Esto provocará, en algunos, sentido de pérdida y dolor, pero ya están listos para ir a las alturas. Otro grupo de águilas estarán ocupados buscando la cueva donde, en soledad, entrarán en su proceso de renovación, pues al leer este libro reconocieron que hacía tiempo estaban volando con plumas viejas y pico torcido, y que no podían posponer más su tiempo de rejuvenecerse.

Es posible que otro grupo de águilas esté limpiando su nevera y su alacena. Están eliminando de su dieta todas aquellas cosas de mala calidad que estaban produciendo muerte y evitando que su potencial se manifestara. Algunos de estos andan por el supermercado con una nueva lista de alimentos. Águilas perezosas salen de sus hamacas para estar dispuestas a esforzarse y ser diligentes. Hay una fila de águilas dándose de baja y cancelando la membresía del club de los buitres perezosos.

Por último, veo otro grupo de águilas poniendo atención de nuevo a su nido y a sus aguiluchos; rodeándolos con más amor que nunca y con la firme determinación de formar a sus aguiluchos en una nueva generación de águilas que surcarán las alturas, realizando sus propósitos divinos. Si esto es el resultado, hemos cumplido nuestra meta. **Bendecida amada águila, nos veremos en las alturas.**

Bibliografía

La información y datos acerca del águila fueron tomados de los siguientes libros:

Moya Tommy, Destinado para las alturas. Casa Creación, 2005.
Silva Kittim, El áquila: símbolo de excelencia cristiana. Editorial Portavoz, 1999.

Los textos bíblicos fueron tomados de:
La Santa Biblia -Reina- Valera Versión 1960, revisada.

COMO Águila SERÉ

www.ingramcontent.com/pod-product-compliance
Lightning Source LLC
Chambersburg PA
CBHW031600040426
42452CB00006B/366